LA LANGUE COURANTE

la langue courante

A SIMPLE INTRODUCTION
TO MODERN FRENCH
FOR ADULTS

by

R. W. KENYON, M.A.
Licencié ès Lettres

Illustrated by

MARGARET EASTOE

GEORGE G. HARRAP & CO. LTD
London Toronto Wellington Sydney

First published in Great Britain 1963
by GEORGE G. HARRAP & CO. LTD
182 High Holborn, London, W.C.1

Reprinted 1966

Composed in Ehrhardt type and printed by
William Clowes and Sons, Limited, London and Beccles
Made in Great Britain

PREFACE

THIS course is intended as a palatable introduction to French for adults studying in evening classes, and as a refresher course for those about to have a holiday in France.

It is built on a grammatical basis in order to give the student a real hold of the language, but the grammar is kept to the very strictest minimum.

The reading matter is related to real situations throughout, and the latter part deals with a French family visiting Paris. The vocabulary is therefore entirely practical.

The author would like to record his thanks to all his French friends who helped with advice, and particularly to Mademoiselle C. Leroy, who helped greatly in the initial stages, and to Mademoiselle M.-C. Le Cam who made many improvements in the final draft.

R. W. K.

CONTENTS

FRENCH PRONUNCIATION

The only sure way to learn pronunciation of a language is to hear it spoken often. Nevertheless a certain amount of help can be obtained by studying some of the basic facts.

French VOWELS are pure sounds, not mixed ones as in English, *i.e.* the French vowel sound does not tail off into another one as in the English 'boat', 'note', 'gate', which are really 'bo-*oot*', 'no-*oot*', 'gay-*it*'.

There are eight basic vowel sounds in French, as follows:

Phonetic symbol
(*for reference*)

i: rather as *ee* in 'see' but shorter (*i.e.* tending to sound more like the *i* in 'it'). Lips straight, tongue at front of mouth:
    livre, assis, canif.
    y is the same as i: stylo.
                                               i

é: rather as *e* in 'get'. Lips opening a little. Final ez, et, er, ai are usually the same as é.
    clé, étudiant, j'ai.
                                               e

è: rather as *e* in 'there'. Lips a little further open. ê, aid, aig, air, ais, ait, ett have the same vowel sound as è:
    fenêtre, chaise, allumette.
                                               ɛ

short a: tends towards the *u* in 'but'. Lips still further open. Tongue moving back:
    salle, sac, table.
                                               a

long a: rather as *a* in 'smart'. Lips wide open. There is sometimes an accent:
    âge, pâle, tasse.
                                               ɑ

short o: rather as *a* in 'all'. Lips rounded:
    homme, porte, poche.
                                               ɔ

au and long o are the first half of the mixed vowel heard in   o
the English 'owe', 'oat':
    stylo, jaune, beaucoup.

  ou: rather like *oo* in 'boot'. Lips rounded but closed.   u
Tongue at the back of the mouth:
    rouge, debout, mouchoir.

  u is pronounced by protruding and closing the lips   y
and, without allowing the lips to move, trying to
say *i* as in 'bit':
    étudiant, allumette, rue, sur.

short **eu** is pronounced by opening the lips a little from **u**:   ø
    bleu, feu, monsieur.

long **eu** is pronounced by opening the lips a little further   œ
still:
    radiateur, neuf, meuble.

  e (no accent) is equivalent to the **e** in 'channel':   ə
    le livre, debout.

  in is a nasalized vowel with a certain similarity to the   ɛ̃
an in 'sang'. **im, ain, ein** are also pronounced as
in. **ien** is pronounced **yin**:
    vin, cinq, vingt, main, train, faim, plein,
    bien, rien, chien.

  un and **um** are nasalized vowels rather like the *e* in   œ̃
'channel' plus the *n* in 'sung':
    lundi, humble, parfum.

  an (am, en, em) is a nasalized form of long *a* (mouth   ã
wide open):
    devant, étudiant, lampe, enfant, dent.

  on (om) is a nasalized form of short *o* (lips rounded),   ɔ̃
a little like the vowel sound in 'lawn' without
sounding the *n*:
    bon, non, crayon, pardon, tombe.

  oi sounds rather like *oo-ah* pronounced quickly: wɑ
    boîte, trois, pourquoi.

i, y are sometimes semi-vowels—half way between a   j
vowel and a consonant (pronounced in a short
manner):

pre*mier*, *lion*, les *yeux*.

Consonants

b is pronounced very definitely: **bonjour.**

c before *e* and *i* and ç are pronounced *s*: **ce, cinéma, français.**

c before *a, o, u* and qu are pronounced *k*: **café, clé, quatre, qui.**

ch has the sound of *sh*: **chaise, chien.**

g before *e* and *i* and j are a soft form of *sh*, a kind of *zh*: **Georges,
collège, je, jamais.**

g before *a, o, u* is hard as in 'go': **gomme, cigarette.**

gn is a little like the *ni* in 'onion': **signe, magnifique.**

h is not pronounced: **homme, huit.**

p is pronounced very definitely: **peigne, plafond.**

r is rolled in the throat or on the tongue: **crayon, cigarette,
réponse.**

th is pronounced *t*: **thé, théâtre.**

-tion is pronounced *ssion*: **condition.**

w is pronounced *v*: **wagon.**

ill usually has a *y* sound: **bouteille, famille, brillant, travailler;**
but is an ordinary *l* sound in **mille, ville, tranquille.**

monsieur is pronounced *me - sieu.*

femme is pronounced *fa - me* (with a short *a*).

Consonants at the end of words are not usually pronounced except for
c, f, q and sometimes *l* and *r*:

Not pronounced: **grand, trop, cinq, français, vert, briquet,
étudiant.**

Pronounced: **sac, neuf, canif, seul, il, miroir.**

The verb ending -ent (3rd person plural, *e.g.* after ils) is pronounced
as an unaccented *e* unless there is liaison (*see below*):

ils parlent (*eel parle*); **parlent-ils** (*parle teel*)?

Liaison

Words linked together in sense-groups are joined together in pronunciation and the end consonant of the first word is pronounced.

vous‿avez (*voozavay*); **sont‿ils** (*sonteel*)?

STRESS

French words are pronounced as a series of syllables of equal value (except for mute *e*), each syllable beginning with a consonant (if there is one).

té/lé/pho/ne (*téléphone*), NOT as TElephone.
hé/si/ta/tion (*hésitation*), NOT as hesiTAtion.
vo/ca/bu/lai/re (*vocabulaire*), NOT as voCABulary.

ACCENTS

′ acute accent (*accent aigu*): été
‵ grave accent (*accent grave*): discrète
^ circumflex accent (*accent circonflexe*): tête

OTHER MARKS:

, cedilla (*cédille*) under a c to give the sound s where it would otherwise be hard (*i.e.* before an a, o or u):
    leçon, français.
.. diaeresis (*tréma*) to give two distinct vowel sounds:
    naïf, Noël.

PREMIÈRE LEÇON

In French, all nouns are either *masculine* or *feminine*:

Masculine	Feminine
Voici le livre	Voici la salle
le crayon	la porte
le stylo	la table
le briquet	la cigarette
le cahier	la classe
le canif	la lampe
le sac à main	la poche
le peigne	la pièce de monnaie
le plafond	la chaise
le plancher	la boîte
Voici un portefeuille	Voici une gomme
un porte-mine	une allumette
un agenda	une fenêtre
un billet	une clé
un mouchoir	une main
un poudrier	une corde
un professeur	

Be very careful to learn nouns with an article. You need then never worry about genders.

If a noun begins with a vowel, **le** and **la** are replaced by **l'** and it is advisable to memorize the form beginning with **un** or **une**, so that the gender will be obvious.

l'étudiant	l'allumette
un étudiant	une allumette
l'agenda	l'étudiante
un agenda	une étudiante

Le livre est sur la table. Le crayon est sur le cahier. Le canif est dans la poche. L'allumette est dans la boîte. L'étudiant est dans la classe. Le livre est devant l'étudiant. Le professeur est devant la classe. La chaise est un meuble. La table est un meuble. L'étudiant est un homme. L'étudiante est une femme. Le professeur est debout. L'étudiant est assis.

Here is an order to point to something, and the reply as the order is obeyed:

Montrez la fenêtre!
Voici la fenêtre, monsieur (*or* madame).

If the object is at a distance **voilà** is used instead of **voici**:

Voilà la fenêtre, monsieur.

It is not polite to answer in French without adding **monsieur, madame** or **mademoiselle** (unless you are speaking to a close personal friend), so it is best to practise this from the beginning.

Here are questions asking where things are:

Questions	*Answers*
Où est le cahier?	**Il** est sur la table, monsieur.
Où est l'allumette?	**Elle** est dans la boîte, monsieur.
Où est le briquet?	**Il** est dans le sac à main, madame.
Où est la gomme?	**Elle** est dans la poche, monsieur.

Notice that in the answers pronouns (**il, elle**) are used to avoid repeating the nouns.

Le professeur montre (*points to*) un objet et demande (*asks*):
— Qu'est-ce que ceci? (*What is this?*)
La réponse (*answer*) est: C'est un mouchoir, monsieur.
          ou (*or*): C'est une boîte, madame.

Le professeur montre un objet et demande:
— Est-ce un mouchoir?
La réponse est ou (*either*): Oui, monsieur, c'est un mouchoir,
          ou (*or*): Non, monsieur, c'est un cahier (etc.)

Le professeur demande:
— Qu'avez-vous dans le sac à main, mademoiselle?
La réponse est:
— Dans le sac à main j'ai (*I have*) un agenda, un porte-mine, une
clé, un poudrier, un stylo, un briquet, un paquet de cigarettes et un
bâton de rouge, madame.

Le professeur donne un ordre (*gives an order*):
— Mettez (*put*) le briquet sur la table!

Puis il demande:
— Où est le briquet?
                    et la conversation continue.

Le professeur dit (*says*):
— Je suis (*I am*) le professeur. Vous êtes (*you are*) un étudiant.
Nous sommes (*we are*) en classe.

Puis il demande:
— Êtes-vous dans la rue (*street*)?
— Êtes-vous le professeur?
— Suis-je une étudiante?
— Sommes-nous sur la table?
— La cigarette est-elle dans la bouche (*mouth*) de l'étudiante?
— Suis-je à Paris?

Le professeur dit:
— Les étudiants sont (*are*) en classe.[1]
Les cigarettes sont dans le paquet.
Les allumettes sont dans la boîte.
Les billets (*notes*) sont dans les portefeuilles.
Les bâtons de rouge sont dans les sacs à main.

Puis il demande:
— Où sont les étudiants?
La réponse est:
— *Ils* sont en classe.

[1] *in class* (not *in the classroom*)

Il demande:
— Où sont les cigarettes?
La réponse est:
— *Elles* sont dans les paquets.

Entre amis (*Between friends*)

— Tu es en retard (*late*)!
— Je suis en retard? Non!
— Tu es en retard de dix minutes!
— Non! tu es en avance (*early*) de dix minutes! Regarde l'horloge (*Look at the clock*)!
— Ah oui, en effet (*indeed*)! Je suis bête (*silly*)! Pardon, Gaston.

The **tu** form is used only in speaking to close friends, relatives and animals.

Apprenez les nombres (*Learn the numbers*).

1	un	6	six
2	deux	7	sept
3	trois	8	huit
4	quatre	9	neuf
5	cinq	10	dix

EXAMPLES OF MEANINGS, for those who have not followed easily:

Où est le cahier?	Where is the exercise book?
Il est sur la table.	It is on the table.
Où est la clé?	Where is the key?
Elle est dans la poche.	It is in the pocket.
Est-ce un mouchoir?	Is it a handkerchief?
Oui, monsieur, c'est un mouchoir.	Yes, it is a handkerchief.
Où sont les cigarettes?	Where are the cigarettes?
Elles sont dans le paquet.	They are in the packet.

Nous sommes en classe.	We are in class.
Vous êtes en retard.	You are late.
Je suis un étudiant.	I am a student.

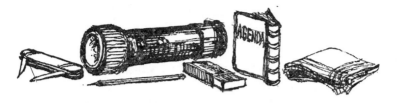

Grammaire à apprendre (*Grammar to be learned*)

§§ 1–7.

Vocabulaire à apprendre

un **agenda**, a diary
une **allumette**, a match
    assis, seated (sitting)
un **bâton de rouge**, a lipstick
un **billet**, a note (*or* ticket)
une **boîte**, a box (*or* tin)
un **briquet**, a lighter
un **cahier**, an exercise book
un **canif**, a penknife
une **chaise**, a chair
une **cigarette**, a cigarette
une **classe**, a class (*or* classroom)
une **clé**, a key
une **corde**, a cord (*or* rope)
un **crayon**, a pencil
    dans, in
    debout, standing
    devant, in front of
un **étudiant**, a student
une **femme**, a woman
une **fenêtre**, a window
une **gomme**, an india-rubber
un **homme**, a man

une **lampe**, a lamp
un **livre**, a book
une **main**, a hand
un **meuble**, a piece of furniture
un **mouchoir**, a handkerchief
    non, no
    où, where
    oui, yes
un **paquet**, a packet
un **peigne**, a comb
une **pièce de monnaie**, a coin
une **poche**, a pocket
une **porte**, a door
un **portefeuille**, a wallet
un **porte-mine**, a propelling pen-
    cil
un **poudrier**, a powder puff
une **rue**, a street
un **sac à main**, a handbag
une **salle**, a room
    sur, on
une **table**, a table

c

Exercices

1. Copiez, mettant **le**, **la**, **l'** ou **les** devant les noms (*Copy out, putting le, la, l' or les in front of the nouns*):

— rue, — mouchoir, — allumette, — boîtes, — table, — canif, — cigarettes, — stylo, — cahier, — porte, — chaises, — étudiant, — poche, — fenêtres, — homme.

2. Copiez, mettant **un** ou **une** devant les noms (*Copy out, putting un or une in front of the nouns*):

— lampe, — billet, — gomme, — salle, — paquet, — meuble, sac à main, — livre, — clé, — plancher.

3. Répondez aux questions (*Answer the questions in French*):

(i) Où est le sac à main?
(ii) Où est la cigarette?
(iii) Qu'avez-vous dans la poche?
(iv) Où sont les étudiants?
(v) Êtes-vous assis?
(vi) Où est le mouchoir?
(vii) Êtes-vous dans la rue?
(viii) Où es-tu?
(ix) Suis-je debout?
(x) Êtes-vous une femme?

4. Écrivez à l'interrogatif (*Write as questions*):

(i) Je suis un étudiant. (ii) Il est petit. (iii) Vous êtes dans la rue. (iv) Tu es dans la salle. (v) Elles sont en classe. (vi) Nous sommes des étudiants. (vii) Elle est dans la boîte. (viii) Ils sont dans le sac. (ix) Vous êtes assis. (x) Je suis un homme.

5. Écrivez en français (*Write in French*):

(i) Seven students. (ii) Five fountain pens. (iii) Ten handkerchiefs. (iv) Three pockets. (v) Two matches. (vi) Eight windows. (vii) One book. (viii) Four keys. (ix) Nine chairs. (x) Six boxes.

6. **Dictée** (*Dictation*).

Le livre / est / sur la table. / Le canif / est / dans la poche. / Montrez / le mouchoir! / Où sont / les‿étudiants? /

7. Write 2 or 3 lines in French to tell simply who you are, where you are and what you have in your possession.

DEUXIÈME LEÇON

Voici une grande bouteille.
C'est une bouteille de vin.
Dans la grande bouteille
  il y a du vin.
Voici une petite bouteille.
C'est une bouteille de bière.
Dans la petite bouteille il y
  a de la bière.
Voici un grand verre. C'est
  un verre d'eau.
Dans le grand verre il y a de l'eau.
Voici un petit verre. C'est un verre de porto.[1]
Dans le petit verre il y a du porto.
Voici un petit paquet. C'est un paquet de cigarettes.
Dans le petit paquet il y a des cigarettes.
Voici une petite boîte. C'est une boîte d'allumettes.
Dans la petite boîte il y a des allumettes.
Sur la table il y a des cahiers.
Dans les cahiers il y a du papier.
Dans les lampes de poche il y a des piles, une pile dans une petite
  lampe et deux piles dans une grande lampe.
Dans la pipe il y a du tabac.
Dans le livre il y a des images.

Le professeur demande:
(*a*) Qu'y a-t-il dans la petite bouteille? dans le grand verre? etc.
(*b*) Y a-t-il de l'eau dans la petite bouteille?
(*c*) Y a-t-il des cigarettes dans le petit paquet? etc.

[1] *port (wine)*.

L'élève (*pupil*) répond:

(*a*) Dans la petite bouteille il y a de la bière, monsieur (ou madame).

(*b*) Non, monsieur, dans la petite bouteille il y a de la bière.

(*c*) Oui, monsieur, dans le petit paquet il y a des cigarettes.

REMARQUEZ: Oui, monsieur OU Oui, madame — (*Yes*)
Non, monsieur OU Non, madame — (*No*)

Le verre est grand	MAIS	(*but*) **la** bouteille est grande
Le paquet est petit	MAIS	**la** boîte est petite
Les verres sont grands	MAIS	**les** bouteilles sont grandes
Les paquets sont petits	MAIS	**les** boîtes sont petites

Le professeur demande: La réponse (*reply*) de l'élève:

(*a*) **La** bouteille de bière
est-**elle** grande?   Non, monsieur, **elle** est petite.

(*b*) **Le** verre d'eau est-**il** petit?   Non, monsieur, **il** est grand.

(*c*) **Les** boîtes d'allumettes
sont-**elles** grandes?   Non, monsieur, **elles** sont petites.

(*d*) **Les** paquets de cigarettes
sont-**ils** petits?   Oui, monsieur, **ils** sont petits.

(*e*) Un cheval est-il petit?   Non, monsieur, il est grand.

(*f*) Un chien est-il petit?   Oui, monsieur, il est petit.

(*g*) Les chevaux sont-ils petits?   Non, monsieur, ils sont grands.

(*h*) Les chevaux sont-ils
des animaux?   Oui, monsieur ce sont (*they are*) des animaux.

Voici la salle. La salle a (*has*) quatre murs, trois fenêtres et une porte.

Les hommes ont (*have*) des poches et les femmes ont des sacs à main. Dans ses (*his*) poches un homme a généralement un mouchoir, un porte-mine, un stylo, un canif, un étui à cigarettes,[1] un briquet, un agenda, un portefeuille et de l'argent.

---

[1] *cigarette case.*

Dans son (*her*) sac à main une femme a souvent (*often*) un poudrier, un bâton de rouge, un petit miroir, un mouchoir, un peigne, un porte-monnaie et un crayon.

Les hommes ont beaucoup de poches mais les femmes ont un seul sac.

— Alors, messieurs, pourquoi avez-vous beaucoup de poches?

— Nous avons beaucoup de choses à porter[1] et nos (*our*) poches sont petites.

— Vous avez trop de poches, à vrai dire.[2]

REMARQUEZ:

La bouteille de vin est verte; c'est une bouteille verte.
Le vin est rouge; c'est du vin rouge.
Le paquet de cigarettes est vert; c'est un paquet vert.
Les cigarettes sont françaises; ce sont des cigarettes françaises.
La petite boîte est jaune; c'est une boîte jaune.

(*Notice the order of words*)

Apprenez les nombres:

11	onze	16	seize
12	douze	17	dix-sept
13	treize	18	dix-huit
14	quatorze	19	dix-neuf
15	quinze	20	vingt

Grammaire à apprendre

§§ 8–14.

[1] *to carry.*   [2] *to tell the truth.*

Vocabulaire à apprendre

un animal (*plur.* -aux), animal
l'argent (*masc.*), money
beaucoup de, a lot of
la bière, beer
la bouteille, bottle
le cheval (*plur.* -aux), horse
le chien, dog
de, of
l'eau (*fem.*, *plur.* eaux), water
un élève, pupil
français, French
grand, big
une image, picture
jaune, yellow
mais, but
le miroir, mirror

le mur, wall
le papier, paper
parce que, because
petit, small
la pile, battery
pourquoi, why
rouge, red
un seul, only one
souvent, often
le tabac, tobacco
trop de, too much (of),
    too many (of)
le verre, glass
vert, green
le vin, wine

NOTE: Nouns ending in -al have plural -aux; nouns ending in -eau have plural -eaux.

Exercices

1. Répondez aux questions:

(i) Qu'est-ce qu'il y a dans la grande bouteille? (ii) Qu'est-ce qu'il y a dans le petit verre? (iii) Qu'est-ce qu'il y a dans la petite boîte? (iv) Qu'est-ce qu'il y a dans le petit paquet? (v) Où est le vin? (vi) Où est l'eau? (vii) Où est la bière? (viii) Où sont les cigarettes? (ix) Avez-vous des poches? (x) Les hommes ont-ils des bâtons de rouge?

2. Copiez en faisant accorder les adjectifs avec les noms (*Copy out making the adjectives agree with the nouns*):

(i) la (grand) bouteille; (ii) les (petit) verres; (iii) un mouchoir (jaune); (iv) des lampes (rouge); (v) une gomme (vert); (vi) les (grand) fenêtres; (vii) une (petit) chaise; (viii) des portes (jaune); (ix) un livre (rouge); (x) des crayons (vert).

3. Copiez en mettant **du, de la, de l'** ou **des** devant les noms (*Copy out putting du, de la, de l' or des in front of the nouns*):

— bouteilles; — eau; — vin; — bière; — argent; — peignes; — encre; — boîtes; — papier; — cigarettes.

4. Complétez (*Complete*):

(i) Dans le verre — de l'eau. (ii) Beaucoup — eau. (iii) Qu'est-ce que ceci? — un mouchoir. (iv) Trop — papier. (v) Où êtes-vous? Je — dans la salle. (vi) Vous — des étudiants. (vii) Nous — en classe. (viii) Qu' — -vous dans la poche? (ix) Où — les étudiants? (x) Les allumettes sont — une boîte.

5. Voici des réponses. Écrivez les questions (*Here are some answers. Write the questions*):

(i) Oui, monsieur, le vin est rouge. (ii) Je suis en classe, madame. (iii) Non, monsieur, je suis un étudiant. (iv) Dans la bouteille il y a du lait, madame. (v) Non, monsieur, la boîte est petite.

6. Écrivez en français (*Put into French*):

(i) A glass of wine. (ii) A bottle of beer. (iii) Some cigarettes. (iv) A lot of milk. (v) Too much water. (vi) Where are the matches? (vii) They are on the table. (viii) Is the wine green? (ix) No, it is red. (x) There are fifteen students in the room.

7. Dictée

Dans le sac / la femme / a / un mouchoir, / un paquet / de cigarettes / et un briquet. / L'homme / a / beaucoup de poches / mais / la femme / a / un seul sac. / Les poches / sont / petites / et les sacs / sont grands.

8. *Make up a very short telephone conversation. The 'phone rings and you answer it thus:*

'Allo, oui. Sautry 19-15.'
'Ici Henriette...' (it is your young sister).

Ask her where she is. She says she is in 'Green street', and adds that she has lost her shopping list ('J'ai perdu la liste'). Ask her if she has a pencil and paper. She says she has a fountain pen and a newspaper (*un journal*).

TROISIÈME LEÇON

Monotonie!

A. Le matin je mange du pain et du beurre, j'avale du café au lait. Je trempe le pain dans le café.

Je quitte la maison à sept heures et demie et je vais au bureau. À huit heures j'entre dans le bureau, j'accroche mon[1] chapeau et mon pardessus (ou mon manteau) et je vais à ma place.

À midi je quitte ma[1] place et je vais à la cantine, où je déjeune.

Après le repas, si le temps est beau, je flâne dans la rue pendant vingt minutes. Puis je rentre à ma place. Je tape des lettres.

Le soir, à six heures, je quitte ma place, je décroche mon chapeau

[1] *my.*

et mon pardessus (ou mon manteau) et je quitte le bureau. Je rentre à la maison et je dîne.

B. Le matin à huit heures le patron quitte l'appartement magnifique qu'il habite (*in which he lives*), monte dans sa[1] voiture et va au bureau. Il parque la voiture, il empoche la clef de contact, il traverse la rue et entre dans le bâtiment.

Dans le bureau il accroche son chapeau et son[1] pardessus et va à sa place. Sa secrétaire entre dans le bureau et il dicte des lettres. Puis il regarde des papiers. Il téléphone. Il travaille.

À une heure il quitte son bureau et va au restaurant, où il déjeune. Il fume un cigare et il parle à des amis. Ensuite il rentre au bureau.

C. Le matin nous mangeons du pain et du beurre. Nous avalons du café au lait. Nous quittons la maison et nous allons au bureau. Nous entrons dans le bureau, et nous accrochons les chapeaux et les manteaux. Et voilà le travail qui commence.

À midi nous quittons le bureau et nous allons à la cantine. (Nous n'aimons pas beaucoup manger des sandwiches.) Nous déjeunons. Et puis le travail recommence.

Le soir nous quittons notre travail, nous décrochons les chapeaux et les manteaux, et nous quittons le bureau. Nous rentrons à la maison et nous dînons.

D. Vous aimez le café au lait, mais moi, j'aime le thé. Vous allez à la cantine, mais Jean et moi nous n'aimons pas les cantines; nous mangeons des sandwiches. Vous portez un chapeau. Nous n'aimons pas les chapeaux. Vous quittez la maison à sept heures; moi, je quitte la maison à huit heures. Vous rentrez à six heures. Moi, je rentre à cinq heures. Vous travaillez...

— Et vous, monsieur, vous ne travaillez pas!

E. Le matin les deux patrons quittent la maison (la grande maison). Ils vont au bureau (au petit bureau). Ils entrent dans le bureau. Ils accrochent les chapeaux noirs et les pardessus et regardent la correspondance. À midi ils quittent le bureau et vont au restaurant.

[1] *his.*

Ils ne vont pas à la cantine. Ils mangent bien au restaurant. Enfin ils rentrent au bureau. Le soir ils quittent le bureau et rentrent à la maison pour dîner. Ils ne dînent pas au restaurant.

F. *Entre amis*

Tu aimes le café, mais moi, j'aime le thé. Tu vas à la cantine, mais moi je n'aime pas les cantines. Tu ne manges pas des sandwiches, mais moi j'aime les sandwiches. Tu quittes la maison à sept heures et tu rentres à six heures. Moi, je quitte la maison à huit heures et je rentre à cinq heures.

— Tu ne travailles pas, mon ami!

REMARQUEZ:

Je vais à Paris, je vais à Rouen, je vais à Marseille.
Je vais au bureau, je vais au restaurant, je vais au café.
Je vais à la cantine, je vais à la maison.
Je vais aux bureaux, je vais aux jardins.

à midi, à sept heures.

le café au lait.

Quelques ordres (*commands*)

Mangez du pain!   Mange du pain! (à un ami)
Quittez la salle!   Quitte la salle! (à un petit enfant)

Allons au cinéma! (*Let's go to the cinema!*)
Rentrons à la maison! (*Let's go home!*)

Grammaire à apprendre

§§ 15–20, révision de § 14 et le présent du verbe **aller**, § 60.

Vocabulaire à apprendre

aimer, to like	un **appartement**, flat
aller, to go	après, after
un **ami**, friend	le **beurre**, butter

le **bureau** (*plur.* -eaux), office
le **café**, coffee
le **chapeau** (*plur.* -eaux), hat
  commencer, to begin
  dîner, to have dinner
un **enfant**, child
  ensuite, then (after that)
  entrer, to go in(to)
  fumer, to smoke
  habiter, to live in *or* at
  l'heure, hour; une heure, one
  o'clock
le **jardin**, garden
le **lait**, milk
la **lettre**, letter
la **maison**, house
  manger, to eat
le **manteau** (*plur.* -eaux),
  (woman's) overcoat
le **matin**, morning

midi, midday, noon
la **minute**, minute
moi, me (*or* as for me . . .)
monter, to get (up) into (a
  car, etc.)
le **pain**, bread
parler, to speak
pendant, during
porter, to wear
quand, when
quitter, to leave
recommencer, to begin again
rentrer, to go home
le **restaurant**, restaurant
le **thé**, tea
le **travail** (*plur.* -aux), work
travailler, to work
traverser, to cross
la **voiture**, car; (railway)
  carriage

Exercices

1. Répondez aux questions:

(i) Mangez-vous beaucoup de pain? (ii) Où travaillez-vous? (iii) Quand (*when*) allez-vous au bureau? (iv) Où allez-vous après le repas? (v) Où dînez-vous? (vi) Où habite le patron? (vii) Le patron fume-t-il des cigarettes? (viii) A-t-il une voiture? (ix) Quand quittez-vous le bureau? (x) Le patron mange-t-il à la cantine?

2. Complétez:

(i) Nous — beaucoup d'amis.
(ii) — -vous des cigarettes?
(iii) Elles — des sacs à main.
(iv) Vous — trop de poches.
(v) Où — la gomme?
(vi) J' — une grande voiture.
(vii) Nous — en classe.
(viii) Le patron — un bureau magnifique.
(ix) — -je dans la rue?
(x) — -vous à la maison?

3. Mettez à la forme interrogative (*Write in the form of questions*):

(i) Vous avez un chapeau.
(ii) Je regarde des papiers.
(iii) Le patron dicte des lettres.
(iv) Nous déjeunons à la cantine.
(v) Je quitte le bâtiment.
(vi) Ce portefeuille est dans la poche.
(vii) Tu as la clé.
(viii) La secrétaire entre dans le bureau.
(ix) Les amis traversent la rue.
(x) Vous montez dans la voiture.

4. Complétez en mettant **à, au, à la, à l'** ou **aux**:

(i) Je vais — fenêtre.
(ii) Elle est — maison.
(iii) Allez-vous — Monte-Carlo?
(iv) Nous parlons — élèves.
(v) Je rentre — Calais.
(vi) Nous sommes — bureau.
(vii) Il parle — amis.
(viii) Elle parle — étudiant.
(ix) Allez-vous — café?
(x) Tu vas — appartement.

5. Mettez au pluriel (*Put into the plural*):

(i) Je suis un étudiant. (ii) Il a un ami. (iii) Le professeur a la clé. (iv) Je fume une cigarette. (v) As-tu la lettre? (vi) Tu portes un chapeau. (vii) La maison est petite. (viii) Un étudiant entre. (ix) Tu es grand. (x) Ai-je le papier?

6. Traduisez (*translate*) en français:

(i) I cross the street. (ii) We go into the office. (iii) He eats bread. (iv) She types letters. (v) The key is on the table. (vi) We get into the car. (vii) I have a penknife. (viii) They smoke cigarettes. (ix) You are in the room. (x) Have you a hat?

7. **Dictée**

Le matin / je mange / du pain / et du beurre, / je quitte / la maison / et je vais / au bureau. / Où est / le patron? / Il est / dans la voiture. /

Nous déjeunons / à la cantine. / Le soir / nous rentrons / à la maison / et nous dînons / à sept heures. /

8. Racontez votre journée (*Say what you do during the day*) (5 lines).

QUATRIÈME LEÇON

Un jeune homme timide

Un jeune homme marche dans un champ. Ce jeune homme est seul. Il aime beaucoup la campagne. Il regarde les arbres et le ciel bleu. Il va passer une heure agréable en plein air.

Mais regardez! Il y a une autre personne dans ce champ. Et cette autre personne est une jeune fille, qui approche.

Elle a les cheveux noirs, les yeux bleus, le nez droit. Elle porte une jupe grise, un pull-over jaune, des souliers noirs et des bas de nylon.

Le jeune homme regarde cette jeune fille, qui approche lentement.

«Quelle chance!» pense-t-il.

Hélène (c'est le nom de la jeune fille) regarde le jeune homme, qui porte une veste verte, un pantalon gris, des chaussures jaunes. (Ces chaussures sont très très solides).

«Il est grand et fort», pense-t-elle, «comme beaucoup des jeunes gens de cette région.»

Guillaume (c'est le nom du jeune homme) va parler à Hélène,

mais il hésite. Il est timide. Comment va-t-il commencer la conversation? Il invente des idées.

«Je vais demander le chemin», pense-t-il, «mais non! Dans ces champs cela va sembler ridicule!»

«Je vais demander si elle a du feu. Mais non! Les jeunes filles françaises ne fument pas beaucoup, et elle va trouver la question impolie.»

«Je vais tuer cet insecte qui est posé sur la manche du pull-over. Mais non! Cet insecte est inoffensif!»

Quelles idées ridicules! Quel moyen va-t-il trouver? De quelle manière va-t-il attirer l'attention de cette jeune fille?

Pendant que Guillaume hésite un petit malheur arrive. Hélène ne remarque pas un fil de fer caché dans l'herbe. Elle trébuche et tombe. Elle a un bas déchiré et la jupe couverte de poussière.

Guillaume profite de cette occasion. Il aide Hélène, essuie la poussière de la jupe et demande si elle a mal.

Alors il tire fort sur le fil de fer et au bout de quelque temps ce fil est arraché.

— Voilà, mademoiselle. Ça ne va pas faire de mal maintenant. Vous êtes seule, et moi je suis seul. Parlons un peu ensemble.

— Sur quel sujet, monsieur?

Guillaume hésite.

— De vous mademoiselle.

— Ce n'est pas bien intéressant.

— Vous aimez ces champs, n'est-ce pas?

— Oui, j'aime bien marcher sur l'herbe. Alors, bonjour, monsieur, et merci beaucoup!

Elle est déjà à une certaine distance.

— Allez-vous passer par ici demain, mademoiselle?

— Non, monsieur... mais je vais souvent dans le parc Moncy à cette heure. Au revoir monsieur.

Guillaume reste là pensif. Alors, demain peut-être...

Grammaire à apprendre

§§ 21, 22, 23.
Révision de §§ 16, 18 et 19.

Vocabulaire à apprendre

agréable, pleasant
un arbre, tree
au revoir, goodbye
autre, other
bonjour, good morning, etc.
la campagne, country (*not town*)
ce, cette, cet (*plur.* ces), this
le champ, field
la chaussure, shoe
les cheveux (*masc. plur.*), hair
le ciel, sky
la couleur, colour
ensemble, together
la fille, daughter
(la jeune fille, girl)
les gens, people
gris, grey
l'herbe (*fem.*), grass

une idée, idea
jeune, young
la jupe, skirt
lentement, slowly
le malheur, misfortune, mishap
marcher, to walk
naturellement, naturally
le nez, nose
n'est-ce pas? is not that so?
le pantalon, trousers
par ici, this way
pendant que, while
la poussière, dust
quelque, some
sembler, to seem
seul, alone
la veste, jacket
les yeux, eyes (*sing.* l'œil (*masc.*))

Exercices

1. Répondez aux questions:

(i) Où est le jeune homme? (ii) Que (*what*) regarde-t-il? (iii) Qui approche? (iv) Pourquoi Guillaume hésite-t-il à parler? (v) Où est l'insecte? (vi) Pourquoi Hélène tombe-t-elle? (vii) La jupe est-elle déchirée? (viii) Où Hélène va-t-elle souvent? (ix) De quelle couleur est le pull-over? (x) Fumez-vous beaucoup?

2. Écrivez correctement (*correctly*) les verbes:

(i) Nous (travailler).
(ii) Elle (manger).
(iii) Les amis (entrer) dans la salle.
(iv) Elles (traverser) la rue.
(v) (Porter)-vous un manteau?

(vi) Je (déjeuner) à la cantine.
(vii) Vous (quitter) le bureau.
(viii) Le patron (regarder) la correspondance.
(ix) Tu (préparer) le déjeuner.
(x) Nous (manger) du pain.

3. Mettez à la forme négative (*in the negative*):
    (i) Vous mangez. (ii) Ils quittent la maison. (iii) Je travaille. (iv) Nous déjeunons. (v) Tu traverses la rue. (vi) Le patron fume un cigare. (vii) Elle entre dans la maison. (viii) Je suis français. (ix) Vous êtes le professeur. (x) Ils ont la clé.

4. Écrivez dix ordres (*write down ten commands*).
    (Exemple: Accrochez le chapeau!)

5. Écrivez dix impératifs à la première personne (*Write down ten imperatives in the 1st person*).
    (Exemple: Accrochons les chapeaux! *Let's* . . .)

6. Écrivez la forme correcte du verbe **aller**:
    (i) Vous — au cinéma.   (vi) Je — à la porte.
    (ii) Nous — au bureau.   (vii) Il — à sa place.
    (iii) Ils — à la maison.   (viii) Tu — à Paris.
    (iv) Elle — à la campagne.   (ix) Vous n' — pas à la cantine.
    (v) — -ils au restaurant?   (x) Je ne — pas à ma place.

7. Mettez l'adjectif démonstratif (**ce, cet, cette, ces**):
    (i) — main. (ii) — souliers. (iii) — étudiant. (iv) — allumette. (v) — jeune homme. (vi) — homme. (vii) — herbe. (viii) — personnes. (ix) — insectes. (x) — parc.

8. Mettez **quel, quels, quelle** ou **quelles** au lieu de **ce** etc. devant les noms de l'exercice 6.

9. Traduisez en français:
    (i) These men work in the office.
    (ii) This man doesn't work in the field.
    (iii) We don't like this dust.
    (iv) We don't go to the canteen.
    (v) He is going to light a cigarette.
    (vi) We leave this house now.
    (vii) You have lunch in the canteen.
    (viii) I go to the office.
    (ix) Let's go to the restaurant.
    (x) I am not going to try.

10. Dictée

Je vais marcher / dans les champs / parce que / j'aime beaucoup /
la campagne. / Je vais regarder / les arbres verts / et le ciel bleu. /
Mais / je ne suis pas / la seule personne / dans ces champs. / Voici
beaucoup de gens.

11. *Write 3 or 4 lines in French on the following:*

Vous êtes la jeune fille de l'histoire. Où allez-vous ? Qui arrive ?
Quel accident arrive (*happens*) ? (*Begin* «Je...»)

D

CINQUIÈME LEÇON

Un enfant impoli

Le lendemain Guillaume passe une heure dans le parc Moncy. Pourquoi? Il veut sans doute rencontrer Hélène. Va-t-elle passer dans le parc aujourd'hui?

Guillaume regarde les gens, mais Hélène n'est pas là. Tout à coup il remarque plusieurs personnes qui marchent lentement. C'est une famille. Un jeune garçon (le fils) joue avec une balle, une petite fille (la fille) cherche des fleurs; elle ne joue pas avec son frère.

— Maman! maman! crie la petite fille à sa mère. .

— Maman! crie le petit garçon en même temps.

— Qu'est-ce que vous voulez?

— Nous voulons manger notre goûter.

— Eh bien, tout à l'heure mes enfants. (C'est leur mère qui parle.)

— Moi, je veux manger tout de suite. (C'est le petit garçon qui parle.)

— Tu es insupportable, Marcel. Tu veux toujours déranger les gens.

— Mais maman, je veux manger. Je veux manger!

La mère est fâchée; elle gronde Marcel, mais il n'écoute pas ses paroles. Il lance sa balle, qui frappe Guillaume dans le dos. Le jeune homme ramasse cette balle, qu' (*which*) il va donner à l'enfant, mais tout à coup il remarque une autre personne avec ces gens; c'est Hélène! Est-ce sa famille avec elle?

Le petit garçon réclame son jouet.

Guillaume donne la balle, mais le petit tire la langue et lance la balle à nouveau; elle frappe Guillaume au visage et son nez saigne un peu.

— Petit vaurien! dit sa mère.

Puis à Guillaume:

— Mes excuses, monsieur. Nos enfants fréquentent des camarades mal élevés.

— Ce n'est rien, madame, dit Guillaume comme il essuie le sang avec son mouchoir. Puis il veut parler à Hélène et il va auprès d'elle.

— Votre petit frère ne m'aime pas,[1] mademoiselle.

— Mon petit frère? Mais je ne suis pas la sœur de ce gamin!

— Ce n'est pas votre famille alors?

— Mais non, monsieur. Ce sont nos voisins. Le père a un café tout près d'ici.

— Comment! «Les Arcades»? Mais je vais souvent dans ce café. Voulez-vous goûter leurs glaces au citron?

— D'accord! Je veux bien.

Guillaume et Hélène vont ensemble au café.

[1] *does not like me.*

Grammaire à apprendre

§§ 21, 24, et le présent du verbe **vouloir** (§ 60).
Révision de §§ 6, 10, 13, 14, 16.

Vocabulaire à apprendre

avec, with
la **balle**, ball
chercher, to look for
crier, to shout
donner, to give
le **dos**, back
écouter, to listen to
élevé, brought up
un **enfant**, child
la **famille**, family
le **fils**, son
la **fleur**, flower
frapper, to hit
le **frère**, brother
le **garçon**, boy
la **glace**, ice (cream)
hier, yesterday
ici, here
jouer, to play
là, there

mal, badly
même, same
la **mère**, mother
plusieurs, several
près de, near (to)
puis, then
remarquer, to notice
rencontrer, to meet
rien, nothing
la **robe**, dress
le **sang**, blood
la **sœur**, sister
tomber, to fall
tout (*plur.* **tous**), all
tout à coup, suddenly
très, very
triste, sad
vouloir, to wish (to), to want to

Exercices

1. Répondez aux questions :

(i) Où Guillaume va-t-il le lendemain ? (ii) Qui veut-il rencontrer ?
(iii) Quelles personnes sont dans le parc ? (iv) La petite fille
joue-t-elle avec une balle ? (v) Que veut le petit garçon ? (vi) La
mère gronde-t-elle sa fille ? (vii) Qui lance la balle ? (viii) Pourquoi
la mère est-elle fâchée (*angry*) ? (ix) Le petit garçon est-il le frère
d'Hélène ? (x) Où vont Guillaume et Hélène ?

2. Copiez en mettant **du, de la, de l', des, de** ou **d'** pour
compléter :

(i) — gens. (ii) beaucoup — gens. (iii) — lait. (iv) trop — lait.
(v) — herbe. (vi) beaucoup — herbe. (vii) — poussière. (viii) pas
— poussière. (ix) — tabac. (x) — beurre.

3. Écrivez au pluriel:

    (i) J'ai un frère.   (vi) Il a une sœur.
    (ii) Elle va au champ.   (vii) Tu regardes le petit garçon.
    (iii) Il est fâché.   (viii) Je cherche une fleur.
    (iv) Je suis un étudiant.   (ix) Le petit garçon joue avec une
    (v) Tu es impoli.   balle.
                    (x) As-tu une voiture?

4. Mettez les phrases de l'exercice 3 (au singulier)

    (*a*) à la forme négative,   (*b*) à la forme interrogative (*question form*).

5. Écrivez la forme correcte du verbe **vouloir**:

    (i) — -vous jouer? (ii) Non, je ne — pas jouer. (iii) Que — tu?
(iv) Il — parler. (v) Les enfants — grimper sur l'arbre. (vi) Nous
— traverser la rue. (vii) Elle ne — pas entrer. (viii) Ils ne — pas
rentrer. (ix) Je — manger. (x) Vous — fumer.

6. Copiez la seconde partie de ces lignes en écrivant la forme
    correcte du verbe employé dans la première partie (*Copy the
second part of these lines, writing the correct form of the verb used
in the first part*):

    (i) Je mange du pain. Ils veulent — du pain (*They want to eat . . .*).
(ii) Il tombe. Elle va — . (iii) Vous jouez. Nous voulons — . (iv)
Elle frappe l'enfant. Il va — l'enfant. (v) Il raconte une histoire.
Je vais — une histoire. (vi) Nous aidons la jeune fille. Nous voulons
— la jeune fille. (vii) J'allume une cigarette. Veux-tu — la cigarette?
(viii) La leçon commence. Elle va — . (ix) Vous dînez. Nous
voulons — . (x) Tu quittes le bureau. Ils veulent — le bureau.

7. Complétez en traduisant les mots entre parenthèses (*Complete by
    translating the words in brackets*):

    (i) (*My*) frère. (ii) (*His*) sœur. (iii) (*Their*) balle. (iv) (*Her*) père.

(v) (*Our*) amis. (vi) (*My*) veste. (vii) (*Your*) mère. (viii) (*Your*) cigarettes. (ix) (*His*) voisins. (x) (*Our*) maison.

8. Traduisez en français: (*Warning.* 'Are going' is one word in French, similarly 'am going', 'are looking for', 'is going', 'does want'.)

(i) Where are you going? I'm going to the field. (ii) The ball hits the tree once again. (iii) Don't tear the paper with the penknife. (iv) Several people are looking for the child. (v) We want to walk on the grass. (vi) She is going to hit the little boy. (vii) We don't want to talk to the brother. (viii) Aunt Amélie does not want to meet the young man. (ix) My children want to disturb their neighbours. (x) I don't like these people and I am angry.

9. Dictée

Dans le parc / il y a / des‿enfants. / Les petits garçons / jouent avec‿une balle. / Les jeunes filles / cherchent des fleurs. / Tout‿à coup / un des garçons / crie à sa mère: /

— Nous voulons manger!

10. Write 5 lines in French about the walk in the park as if you were Guillaume: 'Ma promenade'.

SIXIÈME LEÇON

Une ville

Voici le plan d'une ville imaginaire. Nous pouvons appeler cette ville Belleville-sur-Oude, parce que c'est une jolie petite ville située sur la rivière Oude (rivière imaginaire). Le chemin de fer traverse la ville et la gare est située Boulevard de l'Ouest, près de l'Avenue de Paris où il y a un passage à niveau.

Un jour j'arrive dans cette ville en voiture. Malheureusement mon moteur ne marche pas bien et je conduis doucement. Il y a un bruit anormal et je veux consulter un garagiste avant de continuer ma route sur Paris.

Hélas! Il est midi. Je ne peux pas trouver un garage ouvert car c'est l'heure du déjeuner.

Je vais parquer ma voiture et déjeuner en attendant. Dans le coffre j'ai des sandwiches, des fruits et une bouteille de vin. Alors je cherche un endroit où on peut stationner. Ces rues sont beaucoup trop étroites pour cela. Je demande à un agent de police où je peux trouver un parc à voitures.

Alors il explique:

— Voici monsieur. Vous êtes sur la route de Lyon. Vous arrivez à un pont. Vous traversez la rivière. Vous laissez le jardin public à gauche, vous passez devant l'usine, qui est à droite. Puis vous tournez à gauche dans la rue du Tertre. Là vous pouvez stationner tranquillement. Mais s'il n'y a pas de place, vous pouvez essayer le Boulevard de l'Ouest. Pour cela vous continuez à suivre la rue du Tertre. Au bout de la rue, vous tournez à droite; c'est la rue des Saints-Pères. Allez jusqu'au bout et tournez à droite. C'est près de la gare.

— Merci bien, monsieur l'agent.

— De rien, monsieur.

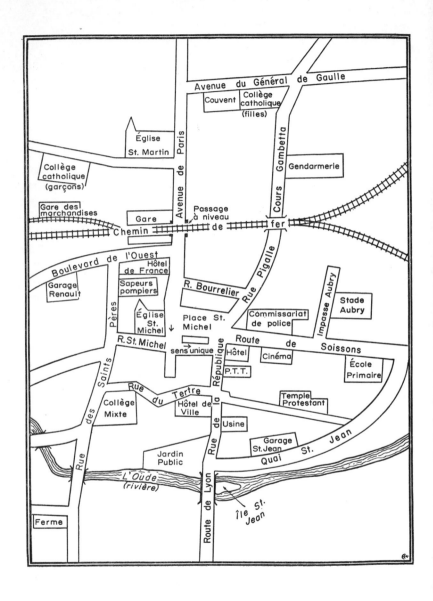

Je trouve facilement la rue du Tertre, mais le parc de stationnement est plein et ne peut me recevoir.

Je continue mon chemin, mais j'oublie tout de suite les indications de cet agent de police et je tourne à gauche au bout de cette rue. Je repasse bêtement la rivière et je tourne à droite. Où suis-je? La gare n'est pas là, mais il y a une ferme. Tant pis! Cet endroit est bien agréable et tranquille.

Je range sagement la voiture au bord de la route. L'herbe est humide mais la terre est solide et les roues peuvent tenir. J'ouvre le coffre et je commence à déjeuner tranquillement quand tout à coup me voilà au milieu d'un troupeau de vaches.

Elles entourent la voiture. J'ai honte de dire que j'ai peur des vaches. Je ferme donc brusquement la glace (la fenêtre). Deux vaches effrayées galopent vers la voiture. Elles peuvent abîmer la carrosserie avec leurs cornes.

Oui, justement! Ça y est! Il y a un choc.

Quand je suis de nouveau seul j'ouvre prudemment la portière et je trouve en effet la peinture éraflée. Oh, cette malheureuse ville! Dans quelques moments sans doute le fermier va arriver pour m'accuser d'effrayer ses bêtes!

Grammaire à apprendre

§ 25; présent des verbes **conduire, ouvrir,** et **pouvoir** (§ 60). Révision de §§ 8, 10, 16, 21, 22.

Vocabulaire à apprendre

un **agent de police,** policeman
la **bête,** animal
   bien, well
le **bout,** end

le **bruit,** noise
le **chemin de fer,** railway
   conduire, to drive
   contre, against

à droite, on (*or* to) the right
un endroit, place
   entourer, to surround
   essayer, to try
   étroit, narrow
   expliquer, to explain
   facilement, easily
  la ferme, farm
  la gare, (railway) station
  à gauche, on (*or* to) the left
  l'heure (*fem.*), hour, time
 le jardin, garden
   joli, pretty
   laisser, to leave
   malheureux, unfortunate
   marcher, (*of an engine*) to go
 le moteur, engine
de nouveau, again

oublier, to forget
l'ouest, west
ouvert, open
ouvrir, to open
plein, full
le pont, bridge
pousser, to push
pouvoir, to be able (to)
la roue, wheel
la route, road, way
suivre, to follow
tourner, to turn
tout de suite, at once
tranquille, quiet
une usine, factory
la vache, cow
vers, towards
la ville, town

Exercices

1. Répondez aux questions:

(i) Où est la gare? (ii) Pourquoi l'automobiliste (*car driver*) veut-il chercher un garage? (iii) Pourquoi ne peut-il pas trouver un garage ouvert? (iv) Qu'est-ce qu'il a dans le coffre de sa (*his*) voiture? (v) Pourquoi ne parque-t-il pas la voiture dans la rue? (vi) Pourquoi parle-t-il à l'agent de police? (vii) Où range-t-il la voiture? (viii) Quelles bêtes arrivent près de la voiture? (ix) Que trouve l'automobiliste quand il quitte la voiture? (x) Que va dire (*say*) le fermier?

2. Complétez en mettant **de, du, de la, de l'**, ou **des**:

(i) — voitures; (ii) beaucoup — voitures; (iii) — bruit; (iv) trop — bruit; (v) — fruits; (vi) pas — fruits; (vii) — routes; (viii) — argent; (ix) pas — argent; (x) — herbe.

3. Faites accorder les adjectifs avec les noms (*Make the adjectives agree with the nouns*):

(i) Les garages sont (ouvert). (vi) La voiture est (petit).
(ii) La rivière est (grand). (vii) La boîte est (noir).
(iii) Les rues sont (étroit). (viii) La porte est (jaune).
(iv) Une (joli) femme. (ix) La fenêtre est (fermé).
(v) La bête est (effrayé). (x) Nous sommes (seul).

4. Écrivez la forme correcte du verbe **pouvoir**, et traduisez en anglais:

(i) Je — traverser la rivière. (ii) Il — continuer sa route. (iii) Nous — essayer. (iv) Vous — commencer. (v) Tu — déjeuner. (vi) Les enfants ne — pas traverser la rue. (vii) — -vous manger ce sandwich? (viii) Je ne — pas expliquer pourquoi. (ix) — -nous tourner à droite? (x) L'automobiliste — -il parquer sa voiture?

5. Complétez:

(i) Il va rencontr— un ami. (ii) Je veux stationn—. (iii) Nous pouvons rentr—. (iv) Ils ne vont pas fum—. (v) Elle va effray— la vache. (vi) Vous pouvez pass—. (vii) Je ne vais pas regard—. (viii) Tu vas quitt— le bureau. (ix) Les étudiants veulent-ils travaill— ? (x) Veux-tu mang— ?

6. Complétez en mettant **ce, cet, cette** ou **ces**:

(i) — gens; (ii) — homme; (iii) — femme; (iv) — garage; (v) — automobile (*fem.*); (vi) — automobiliste; (vii) — hommes; (viii) — vin; (ix) — famille; (x) — pont.

7. Écrivez au négatif:

(i) Elle conduit une auto. (vi) Je vais au restaurant.
(ii) Nous quittons le bureau. (vii) Je suis seul.
(iii) Vous déjeunez à midi. (viii) Les garages sont fermés.
(iv) Regardez la femme! (ix) Allons au cinéma!
(v) Ils veulent manger. (x) Vous conduisez.

8. Traduisez en français:

(i) Turn right in front of the station! (ii) Don't cross the street! (iii) He can park behind (*derrière*) the factory. (iv) Don't forget the flowers! (v) These cows are quiet. (vi) I have some wine in the boot of the car. (vii) This street is too narrow. (viii) You can put the car

on the grass. (ix) I am going to turn left at the end of this street.
(x) Are we on the Paris road?

9. Dictée

Il est midi. / Je ne peux pas trouver / un garage ouvert. / Je vais
déjeuner. / Mais_où? / J'ai des sandwiches / dans la voiture / mais
/ elle est dans une rue / à l'autre bout / de la ville. / Je demande / à
un agent de police. /

— Vous tournez_à gauche, / monsieur, / et vous_allez trouver /
un bon restaurant. /

10. *Write 3 or 4 lines in French on the following:*

«Le déjeuner de l'automobiliste.»

(Où déjeune-t-il? Pourquoi? Que mange-t-il? Pourquoi ne
peut-il pas déjeuner tranquillement?)

SEPTIÈME LEÇON

Les plaisirs du téléphone

Je remonte dans ma pauvre voiture et tourne la clé de contact. Rien! Je la tourne encore. Toujours rien! Le moteur reste mort. Pas un signe de vie. Une panne!

Je conduis beaucoup mais je ne suis pas du tout mécanicien. Le moteur est un mystère pour moi; je ne peux pas le réparer. Je vais donc téléphoner à un garage.

Je marche vers le centre de la ville à la recherche du bureau de poste. Enfin je le trouve. Où est le guichet des téléphones? Ah! le voilà! Je le trouve, mais l'employée qui est assise derrière le comptoir est très occupée. Il y a au moins cinq personnes qui attendent et les trois cabines sont déjà occupées. Alors j'attends.

Ah, mais quel est le numéro du garage? Je ne le sais pas. Je veux le chercher dans l'annuaire mais quelqu'un est en train de le consulter et il y a deux autres qui veulent le consulter avant moi.

Tout à coup je pense à la liste de garages que j'ai dans la voiture. Je quitte le bureau et retourne à l'auto pour la chercher. Je la trouve facilement et je la mets dans ma poche.

Tiens! Il y a une cabine téléphonique dans la rue, un peu plus loin et dans l'autre sens. Je vais l'essayer. Oh malheur! Elle est occupée par une jeune fille qui téléphone sans doute à son amoureux. Cela va durer longtemps. Patience! Nous attendons toujours pour téléphoner.

Dois-je retourner aux autres cabines? Non, je les abandonne et je vais attendre ici.

La jeune fille met la main sur la porte de la cabine. Elle attend un moment. Enfin elle la quitte. J'entre vite et... Ah non! Il faut mettre un jeton[1] dans la fente, et ce jeton, je ne l'ai pas!

Dégoûté, je retourne vers le bureau de poste. Puis je pense: «Pourquoi ne pas aller à pied au garage si je peux le trouver?» Je demande à un monsieur qui passe s'il peut m'indiquer un bon garage pas trop loin.

— Mais oui, monsieur. Tenez! Vous tournez à droite dans

l'Avenue de Paris, vous traversez la place Saint-Michel devant l'église. Attention au sens unique! (Ah! mais vous allez à pied!) Vous prenez la rue de la République et vous tournez à gauche au bord de la rivière. Le garage est en face de la rivière.

— Merci bien, monsieur.

— De rien, monsieur.[2] À votre service.[3]

Je le trouve facilement. Il est tout près de l'endroit de mon premier arrêt. Mais hélas, il est fermé à cause des vacances! Alors je recommence! Qui va m'aider?

L'automobiliste imprudent

Un automobiliste imprudent veut doubler une voiture lente. Il ne peut pas doubler sans danger parce qu'il ne peut pas voir. La route serpente (*winds*). Il est derrière un énorme camion. Il perd (*loses*) patience enfin et veut doubler malgré (*in spite of*) le danger. («Nous

---

[1] *metal counter*   [2] *not at all*   [3] *at your service.*

ne pouvons pas rester derrière ce camion si nous voulons arriver à temps», pense-t-il.) Il n'attend pas. Il le double. La route est étroite et il rencontre un autre camion!

Le voilà à l'hôpital! Sa voiture n'est plus qu'un[1] amas de ferraille, et sur la route il y a une grande tache de cambouis (huile noire et sale).

Grammaire à apprendre

§§ 26, 27, et le présent des verbes **attendre** et **mettre** (§ 60).
Révision de § 13.

Vocabulaire à apprendre

aider, to help
alors, then
attendre, to wait (for)
le **bureau de poste** (*plur.* les
  bureaux de poste), post
  office
le **camion**, lorry
à cause de, because of
derrière, behind
un **employé**, clerk, official
enfin, at last
en face de, opposite
il faut, it is necessary to, one
  must
l'**huile** (*fem.*), oil
loin, far
longtemps, a long time
le **mécanicien**, mechanic
mettre, to put

au moins, at least
mort, dead
noir, black
occupé, busy
par, by
pauvre, poor
la **personne**, person
le **pied**, foot
à pied, on foot
la **poste**, post (office)
réparer, to repair
rester, to remain
le **résultat**, result
sans doute, no doubt
toujours, always
en train de, in the act of
les **vacances** (*fem.*), holidays
la **vie**, life
vite, quickly

Exercices

1. Répondez aux questions:

(i) Que fait l'automobiliste pour mettre le moteur en marche (*to start the engine*)? (ii) Pourquoi ne peut-il pas réparer le moteur?

---

[1] *is no more than.*

(iii) Que va-t-il faire? (faire=*do*). (iv) Où va-t-il? (v) Qui est derrière le comptoir? (vi) Pourquoi n'attend-il pas? (vii) Pourquoi ne peut-il pas entrer dans la seconde cabine téléphonique? (viii) Où est le garage qu'il cherche? (ix) Pourquoi faut-il continuer à chercher un garage? (x) Quand est-il dangereux de doubler une voiture?

2. Écrivez la forme correcte du verbe:

(i) Cet homme (attendre) longtemps. (ii) Nous (mettre) toujours la clé sur la table. (iii) J'(attendre) à la porte. (iv) Pourquoi (attendre)-vous? (v) Je (mettre) la voiture dans le garage. (vi) Où (mettre)-vous le jeton? (vii) Nous (attendre) les autres. (viii) L'enfant (mettre) la balle dans ma poche. (ix) Elles (attendre) au guichet. (x) Ces gens (mettre) le pain dans le café.

3. Copiez en remplaçant par un pronom les mots en italique (*Copy out, replacing by a pronoun the words in italics*):

(*Exemples*: Je sais *le numéro*. **Je le sais.**
             Je ne sais pas *le numéro*. **Je ne le sais pas.**)

(i) Je cherche *la clé*. (ii) Nous avons *les livres*. (iii) Il quitte *le bureau*. (iv) Ils attendent *le mécanicien*. (v) Vous aidez *la jeune fille*. (vi) Je ne fume pas *les cigarettes*. (vii) Il n'aime pas *la jeune fille*. (viii) Nous ne frappons pas *les enfants*. (ix) Ils ne trouvent pas *la robe*. (x) Vous ne rencontrez pas *l'agent de police*.

4. Répondez aux questions en remplaçant les mots en caractères gras (*in bold type*) par des pronoms:

(*Exemple*: Regardez-vous **le livre**? *Oui, je le regarde.*)

(i) L'automobiliste tourne-t-il **la clé de contact**? (ii) Trouve-t-il **le bureau de poste**? (iii) La jeune fille quitte-t-elle enfin **la cabine**? (iv) L'agent de police répare-t-il **les voitures**? (v) Aimez-vous **le vin**? (vi) Avez-vous **le livre** devant vous? (vii) Où mettons-nous **les automobiles** la nuit (*for the night*)? (viii) Les enfants mangent-ils **les bonbons** (*sweets*)? (ix) Fumez-vous **les cigarettes**? (x) Rencontrez-vous **vos amis** le soir (*in the evening*)?

5. Écrivez à la forme interrogative (*write as questions*):

(i) Le garage est ouvert. (ii) Henri trouve la route. (iii) La jeune fille attend un moment. (iv) L'homme a une liste de garages. (v) Le garagiste répare la voiture. (vi) Vous cherchez une cabine téléphonique. (vii) Je mets le stylo dans ma poche. (viii) J'ai ma clé. (ix) Les enfants jouent avec une balle. (x) Tu es toujours en retard.

6. Copiez et complétez (*Imagine a paper covered with blots. You try to decipher what was written*):

Ma voiture est — panne dans — ville qui est loin de ma destination. Je — téléphoner — ma (*my*) sœur, parce — je vais arriver — retard, mais — ne peux pas — dans — cabine; elle est — et il faut attendre à la porte.

7. Traduisez en français:

(i) We can't repair the engine. (ii) Where is she? She is sitting in the car. (iii) Why is she waiting? She wants to telephone. (iv) I always meet her in the street. (v) The policeman finds them easily. (vi) Where are you putting the car? I'm putting it in the garage. (vii) Have you the keys? No, I haven't (got) them. (viii) The men are very busy; it is necessary to wait. (ix) We are going to remain for a long time behind that black lorry. (x) Can't you overtake here? No, the road is narrow.

8. Dictée

Je cherche le bureau de poste. / Je vais à gauche / et je vais à droite. / Enfin je le trouve. / Je consulte l'annuaire / pour avoir le numéro. / Je le demande, / mais / les cabines sont occupées / et j'attends / longtemps. /

9. Write 3 or 4 lines in French on the following:

«L'automobiliste essaie de téléphoner» (*The car driver tries to telephone*).

E

HUITIÈME LEÇON

Le matin

Il est sept heures. Le réveil sonne. Je me réveille. Je m'étire. Je déteste le réveil; je déteste le matin. J'aime mon lit. Attendons encore quelques minutes! (J'attends toujours quelques minutes, quelquefois même une demi-heure!)

Enfin je me lève et je me dirige vers le lavabo, ou bien je prends un bain dans la salle de bains.

J'ouvre les robinets. De l'eau chaude et de l'eau froide coulent dans la cuvette. Je prends le savon et le gant de toilette et je me lave. Où est l'éponge? Ah la voilà, par terre. Je la ramasse et je la trempe dans l'eau.

Ensuite je m'essuie avec une serviette. Je me lave les dents avec une brosse à dents. Puisque je suis un homme je me rase (avec un rasoir électrique). Je m'habille, je me peigne, et me voilà prêt pour déjeuner.

Mon ami Georges se réveille toujours tard. Il se lève lentement, puis il regarde l'heure. Huit heures! Que faire? Il se précipite vers le lavabo, il se lave à toute vitesse. Il s'habille tant bien que mal. Il se rase très rapidement avec son rasoir électrique pendant qu'il avale du pain et une tasse de café. Puis il quitte la maison en trombe.[1] La porte claque. Le voilà parti!

[1] *like a whirlwind.*

Quelquefois pendant les vacances nous nous levons tard, nous déjeunons en peignoir, puis nous nous lavons et nous nous habillons à loisir.

Je suis sûr, mes amis, que vous êtes tous très sages. Vous vous réveillez de bonne heure. Vous vous levez immédiatement, et vous vous habillez avec soin, n'est-ce pas ?

Ernest et Jean se réveillent à quatre heures. Ils s'occupent des bêtes de la ferme. Marie et Yvonne se lèvent à onze heures. Elles se couchent toujours très tard parce qu'elles chantent dans les boîtes de nuit. Elles se reposent le matin, et ainsi elles ne se fatiguent pas trop. Mais quelle vie !

— Vous levez-vous à huit heures tous les jours ?

— Non, je ne me lève pas de bonne heure. Marie et Yvonne ne se lèvent pas de bonne heure, mais elles ne sont pas paresseuses. Nous aimons tous rester au lit. Nous ne nous levons pas de bonne heure pendant les vacances.

De temps en temps je prends une bonne résolution : je vais me ever de bonne heure.

Le premier jour je me lève a six heures.

Le deuxième jour je me lève à six heures et demie.

Le troisième jour je me lève a neuf heures moins le quart.

La première nuit je passe sept heures au lit.

La deuxième nuit je passe huit heures au lit.

La troisième nuit je passe dix heures au lit.

— Quelle heure est-il ?
— Il est sept heures.
— Quel âge avez-vous ?
— J'ai vingt ans.
— Quel âge le professeur a-t-il ?
— Je pense qu'il a soixante ans.

Grammaire à apprendre

§§ 28, 29, 30, 31, 32, et le présent des verbes **prendre, lever, mener** (§ 60).

Révision de § 10.

Vocabulaire à apprendre

l'âge (*masc.*), age
ainsi, thus
le bain, bath
chanter, to sing
chaud, hot
se coucher, to go to bed
couler, to flow
la cuvette, bowl
une demi-heure, half an hour
la dent, tooth
descendre, to go down
électrique, electric
encore, still
un escalier, staircase
essuyer (il essuie), to wipe
se fatiguer, to tire oneself
froid, cold
s'habiller, to dress oneself
le jour, day
se laver, to wash
se lever, to get up

le lit, bed
s'occuper de, to deal with
se peigner, to comb one's hair
prêt, ready
ramasser, to pick up
se raser, to shave
le rasoir, razor
se reposer, to rest
se réveiller, to wake up
le robinet, tap
la salle de bains, bathroom
le savon, soap
le soin, care
tant bien que mal, after a fashion
tard, late
la tasse, cup
de temps en temps, from time to time
par terre, on the ground
la vitesse, speed

Exercices

1. Répondez aux questions:

(i) À quelle heure le réveil sonne-t-il? (ii) Où l'auteur (*author*) va-t-il pour se laver? (iii) Avec quoi se lave-t-il? (quoi, *what*) (iv) Avec quoi s'essuie-t-il? (v) Pourquoi Georges quitte-t-il la maison très vite? (vi) Que mange-t-il? (vii) Quand pouvez-vous vous lever tard? (viii) Pourquoi Ernest se lève-t-il de bonne heure? (ix) À quelle heure vous couchez-vous? (x) Que faites-vous (*what do you do?*) quand le réveil sonne?

2. Écrivez le verbe à la forme correcte:

(i) Nous (se réveiller) tard. (ii) Il (se raser) avec un rasoir. (iii) Vous (se laver) avec du savon. (iv) Je (se coucher) à dix heures. (v) Elles (s'habiller) bien. (vi) Tu (se reposer) souvent. (vii) Nous ne (se lever) pas à six heures. (viii) (Se lever)-vous tard? (ix) (Se laver)-t-il? (x) Je ne (s'occuper) pas des bêtes.

3. Écrivez au singulier:

(i) Nous attendons les trains. (ii) Attendent-ils le signal? (iii) Entendez-vous le réveil? (iv) Ils vendent du savon. (v) Nous ne descendons pas.

et au pluriel:

(vi) Tu descends ici. (vii) Elle entend bien. (viii) Je n'attends pas. (ix) Vend-il des fruits? (x) Attends ici!

4. Écrivez la forme correcte du verbe et ajoutez un mot raisonnable pour compléter le sens (*and add a sensible word to complete the sense*):

(i) Ils (prendre) du...   (vi) Je ne (comprendre)...
(ii) Nous (apprendre) le...   (vii) Tu (prendre) le...
(iii) Il (comprendre) les...   (viii) (Prendre)-vous une
(iv) J'(apprendre) à réparer...   bouteille de...?
(v) Nous ne (prendre)... de   (ix) Il (prendre) une...
    vacances.   (x) Je (prendre) un...

5. Écrivez en toutes lettres (*in full*) 5.30, 4.45, 2.15, 3.20, 6.50, 7.00, 12.00 (*noon*), 12.30 (*night*), 9.35, 8.59.

6. Écrivez le présent de **mener** (*to lead*) et de se lever.

7. Écrivez en toutes lettres: 17, 29, 31, 48, 56, 62, 70, 75, 80, 93, 104, 221, 312, 415, 616, 1071, 2081, 1111, 9999, 3.000.000; 4e (*4th*), 5e, 9e, 11e, 20e, 21e, 1er, 13e, 14e, 100e.

8. Complétez en mettant de, d', du, de la, de l' ou des:

(i) — eau; (ii) beaucoup — eau; (iii) trop — eau; (iv) — tasses; (v) beaucoup — tasses; (vi) trop — vacances; (vii) — savon; (viii) assez (*enough*) — savon; (ix) pas — savon; (x) — bière.

9. Copiez en faisant accorder les adjectifs (*Copy making the adjectives agree*):

(i) Les murs (blanc). (ii) La porte (blanc). (iii) (Tout) les jours. (iv) (Tout) les nuits. (v) La nuit est (long). (vi) Les jours sont (long).

(vii) Les femmes (paresseux). (viii) Les hommes (paresseux). (ix) Une voiture (noir). (x) Une (bon) éponge.

10. Traduisez en français:

    (i) I want some hot water.
    (ii) We go to bed very late.
    (iii) We like this electric razor.
    (iv) The holidays are too long.
    (v) He always dresses quickly.

    (vi) Take the yellow towel.
    (vii) Jean and his friend get up early.
    (viii) You are a lazy girl.
    (ix) Wait a few minutes!

    (x) We rest in the morning.

11. Dictée

Je me réveille / à sept heures / et je me lève lentement. / Je prends un bain / et je m'habille. / Mon ami se réveille tard / et il se lave très vite. / Il se rase / et s'habille / rapidement / et il ne déjeune pas. /

12. Écrivez trois ou quatre lignes sur «Ce que je fais le matin.» (*Write* 3 *or* 4 *lines in French on* '*What I do in the morning*').

NEUVIÈME LEÇON

Madame n'a pas de robe à mettre

Le treize avril. Dimanche soir. Roger Martin et sa femme Lucile finissent de dîner et parlent des vacances. Ils habitent une jolie petite ville au centre de la France. Naturellement ils aiment aller à Paris chaque fois que l'occasion se présente.

— Ma chérie, dit Roger en dégustant son café, veux-tu aller à Paris?

— À Paris? Mais quand?

— La semaine prochaine, chérie.

— Mais je n'ai pas de robes et je n'ai pas de chapeau.

— Oh, tu dis toujours que tu n'as rien à te mettre, et ton armoire est pleine à craquer![1]

— Tu ne comprends pas les femmes. Toi, tu es un homme. Moi, je suis une femme. Je ne porte pas toujours les mêmes vêtements sales et démodés. Quant aux chaussures, j'en ai plusieurs paires mais elles sont vieilles.

— Pour moi tu es toujours charmante.

— Oui, chéri, mais à Paris, tu sais, il faut être élégante. (Lucile aime paraître à son avantage.)

— Il faut être élégante, je le sais bien, mais toi, tu es toujours chic; la preuve est que tu attires les regards de tous les passants.

— Flatteur, va! Mais après tout, pourquoi pas?

— Tu peux aller acheter ce qu'il faut à Clermont-Ferrand. Vas-y dès demain! C'est aujourd'hui dimanche.

— Oui, mais...

— Qu'est-ce qui t'empêche d'y aller?

— Je n'ai pas assez d'argent.

— Oh, pour cela...

[1] *to bursting point.*

Et Roger ouvre son portefeuille et en retire des billets.

— Merci chéri. Alors, je vais à Clermont-Ferrand.

Elle l'embrasse.

Madame Martin y va en effet et y dépense beaucoup d'argent. Elle achète non seulement des robes, mais en même temps une jupe, une ceinture et une paire de chaussures. Pour son mari elle choisit des chaussettes, pas très chères.

Le lendemain soir la voilà qui montre les robes neuves. Elle les montre à son mari. Il les trouve charmantes, mais quand il sait le prix, oh là là!

Elle montre aussi son chapeau neuf. C'est la dernière[1] mode. Elle le met avec sa robe.

— Eh bien, comment trouves-tu ta petite femme?

— Je la trouve ravissante, chérie.

— Je suis contente que tu l'aimes parce qu'elle est bien chère.

— La robe ou la femme?

— Les deux!

— Combien la robe?

Elle lui dit le prix.

— Non, sans blague? Et moi je veux m'acheter un complet neuf! J'ai besoin de tant de choses. Regarde ma veste et ce pantalon!

— Pauvre chéri!

Elle l'embrasse. Roger hausse les épaules.

REMARQUEZ:

Je rentre chez moi.
Tu rentres chez toi.
Il rentre chez lui.
Elle rentre chez elle.
Nous rentrons chez nous.
Vous rentrez chez vous.

[1] *latest.*

Ils rentrent chez eux.
Elles rentrent chez elles.

— Y a-t-il une lettre pour Monsieur Martin?
— Non, il n'y a rien pour lui.

— Allez-vous à Paris avec les Martin?
— Non, je ne veux pas y aller avec eux.

— Avez-vous un mouchoir?
— Non, je n'en ai pas.
— Avez-vous des cigarettes?
— Oui, j'en ai.
— Combien de frères avez-vous?
— J'en ai deux.

Grammaire à apprendre

§§ 33, 34, et le présent des verbes finir et savoir (§ 60).
Révision de §§ 10, 24, 27.

Vocabulaire à apprendre

acheter, to buy
une armoire, wardrobe, cupboard
assez (de), enough
avril, April
le besoin, need
avoir besoin de, to need
la ceinture, belt
chaque, each
la chaussette, sock
cher (*fem.* chère), dear
chez, at the house (*or* home) of
chez moi, at *or* to my home
choisir, to choose
comprendre, to understand
dépenser, to spend (*money*)
dernier (*fem.* dernière), last
dimanche, Sunday

dire, to say
embrasser, to kiss
empêcher, to prevent
une épaule, shoulder
la femme, wife
finir, to finish
la fois, time (occasion)
le mari, husband
mettre, to put on (*clothes*)
montrer, to show
neuf (*fem.* neuve), (brand)
new
le prix, price
prochain, next
quant à, as for
le regard, look
sale, dirty

savoir, to know
la semaine, week
seulement, only
trouver, to find

le vêtement, article of clothing
les vêtements, clothes
vieux (*fem*. vieille), old

Exercices

1. Répondez aux questions:

(i) Quand Roger et sa femme parlent-ils des vacances? (ii) Quelle partie de la France habitent-ils? (iii) Qu'est-ce que Roger propose à sa femme? (iv) Quelle est la réponse normale des femmes quand on propose d'aller quelque part (*somewhere*)? (v) Comment Roger essaie-t-il de flatter sa femme? (vi) Où va-t-elle pour acheter des robes? (vii) Que pense (*thinks*) Roger au sujet des robes neuves? (viii) Quel désavantage (*disadvantage*) y a-t-il pour Roger? (ix) Lequel de ces deux est le plus important, un complet neuf pour monsieur ou une robe neuve pour madame? (x) Comment les Français (surtout les Français) expriment-ils la résignation?

2. Écrivez au singulier:

(i) Nous choisissons des chapeaux. (ii) Vous démolissez la voiture. (iii) Ils remplissent les verres. (iv) Vous ne finissez pas de manger. (v) Parlent-ils vite?

et au pluriel:

(vi) Tu réussis enfin. (vii) Je ne guéris pas les malades (*patients*). (viii) Elle rougit facilement. (ix) Je remplis la bouteille. (x) Il ne réussit pas souvent.

3. Complétez en mettant de, d', du, de la, de l' ou des:

(i) — robes neuves; (ii) pas — robes; (iii) beaucoup — robes; (iv) trop — chapeaux; (v) — argent; (vi) pas — argent; (vii) beaucoup — argent; (viii) — café; (ix) pas — café; (x) pas — vacances.

4. Copiez en traduisant le mot entre parenthèses:

(i) (*my*) mari; (ii) (*my*) femme; (iii) (*her*) mari; (iv) (*his*) femme; (v) (*our*) maison; (vi) (*your*) livres; (vii) (*my*) robes; (viii) (*her*) robes; (ix) (*their*) ville; (x) (*their*) vêtements.

5. *Express in French the idea that everyone goes home, writing out the present tense of rentrer* (Je rentre chez..., tu...).

6. Poussez une exclamation de surprise à chaque phrase en employant un pronom à la forme tonique (*Utter an exclamation of surprise, using a disjunctive pronoun*).

> (Exemples: — Ce chapeau est pour vous.
> — Pour moi? Oh, qu'il est beau!
> — Ces chapeaux sont pour Lucile et Marie.
> — Pour elles! Oh, qu'ils sont beaux!)

(i) Cette montre est pour toi. Pour — ? Oh, mais qu' — est — !
(ii) Ces livres sont pour nous. Pour — ? Oh, mais qu' — sont — !
(iii) Cette voiture est pour Pierre et Albert. Pour — ? Oh, mais qu' — est — !
(iv) Ce chapeau est pour Pierre. Pour — ? Oh, mais qu' — est — !
(v) Ces robes sont pour Marie. Pour — ? Oh, mais qu' — sont — !

7. Répondez aux questions en employant des pronoms au lieu des mots en italique:

(i) Aimez-vous *le vin*? (ii) Allez-vous souvent *au cinéma*? (iii) Avez-vous *de l'argent*? (iv) Lucile montre-t-elle la robe *à son mari*? (v) Robert trouve-t-il *la robe* chère? (vi) Madame Martin va-t-elle *à Clermont-Ferrand*? (vii) Regardez-vous *le livre*? (viii) Trouvez-vous *ces robes* élégantes? (ix) Le professeur parle-t-il *aux étudiants*? (x) Avez-vous *des frères*?

8. Traduisez en français:

(i) He lives in Paris; we always meet him when we go there. (ii) His wife does not like us and we don't speak to her. (iii) Go to the cinema with them! Don't go there with her brother! (iv) I have a hundred (of them) and I am going to give one (of them) to each student. (v) My wardrobe is full but I have nothing to wear. (vi) *You* look at the dresses; *I* look at the hats. (vii) Those men don't understand women;[1] they don't talk to them. (viii) How do you like these shoes? I think they are very smart. (ix) We know where

---

[1] *the women*

they buy their clothes; they don't spend much money. (x) Your clothes are dirty and you need a new jacket, dear.

9. Dictée

C'est dimanche soir. / Roger et sa femme / finissent de dîner / et parlent des vacances. / Ils habitent / une jolie petite ville / au centre de la France. / Naturellement ils‿aiment aller / à Paris / chaque fois / que l'occasion / se présente. /

10. *Write these words of Roger in the* vous *form, as to a stranger.*

(i) Veux-tu aller à Paris? (ii) Tu dis toujours que tu n'as rien à mettre. (iii) Pour moi tu es toujours charmante. (iv) Tu attires tous les regards. (v) Qu'est-ce qui t'empêche d'y aller?

11. Écrivez 3 ou 4 lignes sur le sujet suivant: Madame Martin raconte ce qu'elle a fait avant d'aller à Paris (*Madame Martin tells what she does before going to Paris*).

DIXIÈME LEÇON

En chemin de fer

Voici enfin le jour du départ, samedi vingt-huit avril. Les Martin sont levés de bonne heure et attendent le taxi que Monsieur Martin a commandé et qui doit les emmener à la gare. Madame Martin ne finit pas son café ; elle trouve que la toilette est bien plus importante que le petit déjeuner. Étant prêt à partir Monsieur Martin se montre impatient.

— Le taxi est en retard, dit-il, en regardant par la fenêtre, il doit venir à sept heures et demie, et il est déjà huit heures moins vingt-cinq.

— Nous avons largement[1] le temps. Toi, tu es impossible. Moi je n'aime pas arriver trop tôt à la gare.

— D'accord, mais on ne veut pas manquer le train non plus. Ah ! le voilà enfin ! Il n'est pas pressé !

Le trajet de la maison à la gare (qui est à une distance d'environ trois kilomètres) prend à peine cinq minutes. Monsieur Martin règle le taxi, en ajoutant un pourboire que le chauffeur trouve un peu maigre, entre dans le hall de la gare et attend son tour au guichet. Il y a cinq personnes qui font la queue devant lui.

— Paris, deux secondes, aller et retour, dit-il en tendant des billets de banque.

— Voilà, monsieur.

Monsieur Martin comptant la monnaie, la ramasse et l'empoche. Puis s'approchant de la bibliothèque, lui et sa femme choisissent des journaux et des magazines qu'ils vont lire pendant le voyage.

Bientôt ils passent devant le contrôleur, qui poinçonne les billets.

— Paris, Austerlitz, quai numéro deux.

Il faut traverser la voie, et Monsieur Martin, impatient comme

[1] *plenty of*

toujours, veut la traverser directement car c'est beaucoup plus court, mais sa femme, le retenant, l'empêche d'être si téméraire.

— Attention, Roger! Il y a un train qui arrive!

Il y a aussi un employé qui s'approche et qui n'a pas l'air content.

— Vous ne voyez pas l'écriteau?

En effet il y a un écriteau qui annonce «Il est formellement interdit de traverser les voies. Emprunter le souterrain.»

Tout en protestant, Roger est donc obligé de descendre et de monter les escaliers comme tout le monde. Que les valises sont lourdes!

L'attente n'est pas longue. Il ne fait pas froid sur le quai. Il n'y a pas de vent. Il va faire chaud au soleil vers midi. Il y a bien une salle d'attente à la gare, mais les Martin n'y entrent pas. Ce n'est pas la peine.

Bientôt le train électrique entre en gare et s'arrête. Tous les gens montent dans les wagons.

«Les voyageurs pour Paris, en voiture! Attention au départ!» crie le haut-parleur.

Les Martin passent dans le couloir et s'installent dans un compartiment. Monsieur Martin met les valises dans le filet au-dessus de sa tête. Il y a trois autres voyageurs dans le compartiment et les glaces sont levées (c'est à dire que les fenêtres sont fermées).

— Veux-tu baisser un peu la glace? demande Madame Martin à son mari, puis, se tournant vers son voisin:

— Vous permettez, monsieur?

— Oui, madame, mais ne la baissez pas trop, s'il vous plaît; les courants d'air sont dangereux, et il fait plutôt frais.

Exemples des verbes

— Je dois me dépêcher, dit M. Martin pendant qu'il fait sa toilette (*ou* en faisant sa toilette).

— Nous devons nous dépêcher, disent-ils tous les deux.

Il est vrai qu'ils doivent se dépêcher.

— Vous devez vous dépêcher, Madame, Monsieur.

— Tu dois te dépêcher, dit Lucile à Roger.

— Que dis-tu?

— Je ne dis rien.

— Que dites-vous?

— Nous ne disons rien.

— Que fais-je?

Tu fais... pardon! vous faites du français.

— Nous faisons du français.

Monsieur et Madame Martin font un voyage.

Le voyage que font les Martin n'est pas long. (*Notice order.*)

Les valises que je mets dans le filet sont petites.

Grammaire à apprendre

§§ 35, 36, 37, 38, 39, et le présent des verbes **devoir, dire, faire** (§ 60).

Vocabulaire à apprendre

d'accord, agreed (I agree)

ajouter, to add

s'arrêter, to stop

attention! look out!

au-dessus de, above

aussi, also

baisser, to lower

bientôt, soon

court, short

dangereux (*fem.* -euse), dangerous

déjà, already

le **départ,** departure

se **dépêcher,** to hurry

devoir, to have to

emmener, to take (to)

un **escalier,** staircase

faire, to make, to do

s'installer, to take one's place
le journal (*plur.* -aux), news-
    paper
long (*fem.* longue), long
lourd, heavy
manquer, to miss
la monnaie, change (*money*)
obligé de, obliged to
permettre, to allow
plutôt, rather
pressé, in a hurry
puis, then

le quai, platform
samedi, Saturday
le soleil, sun
la tête, head
tôt, soon; trop tôt, too soon
tout le monde, everybody
la valise, suitcase
le vent, wind
le voisin, neighbour
le voyage, journey
le voyageur, passenger
le wagon, (railway) carriage

ce n'est pas la peine, it's not worth while

Exercices

1. Répondez aux questions (*Use pronouns where possible*):

(i) Comment les Martin vont-ils à la gare? (ii) À quelle heure doivent-ils quitter la maison? (iii) Combien de temps faut-il pour aller à la gare? (iv) Où Monsieur Martin prend-il son billet? (v) Qui inspecte les billets? (vi) Comment faut-il traverser les voies? (vii) Pourquoi l'employé est-il fâché? (viii) Où peut-on attendre dans une gare quand il fait mauvais temps? (ix) Où pouvez-vous mettre les valises dans le train? (x) Qu'est-ce que Madame Martin demande à son mari de faire (dans le train)?

2. Écrivez la forme correcte du verbe:

(i) Que (dire)-vous? (ii) Je ne (faire) rien. (iii) Ils (dire) non. (iv) Il (devoir) partir immédiatement. (v) Vous le (savoir) bien. (vi) Que (faire)-tu là? (vii) (Devoir)-nous le faire? (viii) Je ne le (dire) pas. (ix) Vous (faire) du bon travail. (x) Ils (devoir) y arriver maintenant. (xi) Les enfants (faire) du bruit. (xii) Qu'est-ce que tu (dire)? (xiii) Je (devoir) partir. (xiv) Il (faire) froid. (xv) Il (savoir) où ils sont. (xvi) Vous (devoir) fermer la fenêtre. (xvii) Il (dire) qu'il va rester ici. (xviii) Nous faire un exercice. (xix) Nous lui (dire) bonjour. (xx) Tu (devoir) le regarder.

3. Complétez en mettant **qui, que** or **qu'**:

(i) Les journaux — nous choisissons.
(ii) Les fenêtres — nous fermons.
(iii) Les billets — le contrôleur regarde.
(iv) Le haut-parleur — annonce le départ.
(v) L'escalier — est long.
(vi) Le train — s'arrête.
(vii) Le pourboire — il donne.
(viii) Le taxi — arrive.
(ix) L'escalier — ils montent.
(x) La robe — Lucile met.

4. Écrivez le participe présent de ces verbes: monter, choisir, crier, mettre, aimer, être, vendre, prendre, démolir, faire.

5. Écrivez en toutes lettres:
Friday 27th July, Monday 4th August, Wednesday 1st February, Sunday 21st March, Tuesday 11th January.

6. (*a*) Donnez des exemples de mauvais temps (*Give examples of bad weather*).
(*b*) Quel temps fait-il aujourd'hui?

7. Cette histoire est ridicule. Changez les mots en italique pour en faire une histoire plutôt raisonnable (*Change the words in italics so as to make some sort of sense*):
C'est *dimanche soir*. Le réveil sonne. Roger *se couche*; il *déteste* son lit. Il se dirige vers *le bureau*, il prend *un livre* et *des crayons* et il se lave. Puis il *s'essuie* avec un rasoir. Il s'habille et il avale une tasse de *bière*. Enfin il va *au restaurant*.

8. Traduisez en français:
(i) What are you doing? Nothing! (ii) You don't look pleased. (iii) He must queue up at the booking office. (iv) We are choosing some newspapers. (v) What do you say? (vi) They are already at the station. (vii) Put the cases on the rack. (viii) There is no wind and the sun is shining. (ix) Everybody must get into the train. (x) "Take them", says my wife, giving me the tickets.

9. **Dictée**

Monsieur et Madame Martin / arrivent à la gare / et attendent

F

le train. / Ils choisissent des journaux / et passent sur le quai. / Il y a une salle d'attente / mais ils n'entrent pas. / Il ne fait pas froid. /

10. Écrivez 3 ou 4 lignes sur le sujet suivant:

Monsieur Martin raconte son attente à la gare et comment il traverse la voie. (*M. Martin tells of his wait at the station and how he crosses the track.*) (Use the first person (*je*).)

ONZIÈME LEÇON

Dans le train

Vers midi tous les occupants du compartiment ont décidé de déjeuner. Généralement le wagon-restaurant (quand il y en a un) n'a pas beaucoup de places et en tout cas les prix sont élevés. Quand on a vraiment faim ou quand on veut se payer un bon repas on peut y manger très bien (à condition d'y arriver à temps!) Beaucoup de voyageurs ont donc besoin de faire un pique-nique.

Fouillant dans des paniers ces gens ont retiré les victuailles préparées avant le voyage. En prenant son panier dans le filet, M. Martin a fait tomber un imperméable, qui, par malheur, a enveloppé la tête de son voisin. Tout le monde a souri, et on a essayé de ne pas rire.

M. Martin, embarrassé, a fait ses excuses. La victime a ri de bon cœur.

— Ce n'est pas la première fois que ça m'arrive, a-t-il dit, j'en ai l'habitude maintenant. La dernière fois j'ai perdu ma bière, un vrai désastre!

Bientôt un employé a passé dans le couloir, portant un plateau chargé de boissons et de sandwiches. M. Martin a acheté une bouteille de bière pour lui et une bouteille d'orangeade pour Lucile.

— J'ai soif, a-t-il dit, et la bière est plus rafraîchissante.

L'homme a enlevé les capsules et lui a donné des pailles.

Ils ont mangé les sandwiches. (Le sandwich français n'est pas mince comme un sandwich anglais; il est plus épais. On prend une baguette, c'est à dire un pain en forme de bâton, on en coupe un morceau long de 15 centimètres, on coupe ce morceau en long, on met du beurre et de la viande (ou du jambon) entre les deux moitiés, qu'on referme. On a ainsi un sandwich épais de 5 ou 6 centimètres, et presque entièrement de croûte, car les Français aiment mieux la croûte que la mie du pain. Cela remplit la bouche.

Le petit monsieur en face a pris un morceau de pain et du saucisson, qu'il a découpé avec son couteau. Puis il a sorti une bouteille de vin rouge, et en a versé dans une timbale. (Il y a des gens qui aiment mieux boire à même la bouteille, d'autres trouvent cela un peu grossier.)

Malheureusement le train a donné une secousse et le pauvre homme a versé du vin sur son complet. Ne rions pas! C'est un accident assez fréquent. Il l'a vite épongé avec son mouchoir, mais il va peut-être trouver une tache.

Vers quatre heures Madame Martin a demandé:

— Sommes-nous toujours loin de Paris?

— Nous ne sommes pas encore dans la banlieue, mais nous n'avons plus que 40 minutes de parcours, à peu près.

— Tu sais, chéri, je suis sûre que nous avons oublié quelque chose d'important. Est-ce qu'on a fermé les volets? Comme j'ai quitté la maison plutôt vite je n'ai pas eu le temps de penser à tout.

— Il n'y a rien à craindre; tu les fermes automatiquement en sortant.

— Oh! j'ai laissé des bas dans le jardin. Tant pis!

Un quart d'heure plus tard on a vu beaucoup de maisons de chaque côté de la voie; on a aussi doublé des trains de banlieue.
Enfin le train entre en gare.
— Paris! Tout le monde descend!
— Porteur!
— Oui monsieur?
— J'ai deux valises. Voulez-vous me chercher un taxi?
— Bien monsieur.
Au bout du quai près de la grille le contrôleur a pris les billets et nos deux amis ont traversé le hall.

REMARQUEZ:

Quand on a faim on veut manger.
Quand on a soif on veut boire.
Quand on a sommeil on veut s'endormir.
Quand on est fatigué on veut se reposer.

On achète le pain chez le boulanger; le boulanger vend du pain.
On achète la viande chez le boucher; le boucher vend de la viande.
On achète le jambon chez le charcutier; le charcutier vend du jambon.
On achète les fruits chez le fruitier; le fruitier vend des fruits.
On achète les biscuits chez l'épicier; l'épicier vend des biscuits (et du sucre, du café, du thé, etc.).

Grammaire à apprendre

§§ 40, 41, 42, 43, et le présent du verbe **rire** (§ 60).
Révision de § 27.

Vocabulaire à apprendre

le **bâton,** stick
  boire, to drink
la **bouche,** mouth
le **boucher,** butcher
le **boulanger,** baker

comme, as
le **commencement,** beginning
  couper, to cut
le **couteau** (*plur.* -eaux), knife
décider de, to decide to

élevé, high
s'endormir, to fall asleep
épais, thick
la faim, hunger; avoir faim, to
    be hungry
le fruitier, fruiterer
les fruits (*masc.*), fruit
maintenant, now
la moitié, half
le morceau, piece
la paille, straw

le panier, basket
payer, to pay
préparer, to prepare
presque, almost
remplir, to fill
le repas, meal
rire, to laugh
la soif, thirst; avoir soif, to be
    thirsty
sourire, to smile
la viande, meat

quelque chose d'important, something important

Exercices

1. Répondez aux questions:

(i) À quelle heure les voyageurs ont-ils déjeuné? (ii) De quelle manière ont-ils déjeuné? (iii) Qu'est-ce qu'on a pu acheter dans le couloir? (iv) Quelle différence y a-t-il entre un sandwich français et un sandwich anglais? (v) Avec quoi (*what*) coupe-t-on le pain? (vi) Pourquoi l'homme a-t-il versé du vin sur son complet? (vii) Comment a-t-il essayé de faire disparaître les taches? (viii) Comment sait-on que le train s'approche d'une ville? (ix) Qu'est-ce qu'on met dans une valise? (x) Qu'est-ce que M. Martin a demandé au porteur?

2. Écrivez les verbes au présent:

(i) Ils (aller) à la gare.
(ii) Elle (attendre) son mari.
(iii) Je (vouloir) traverser la voie.
(iv) Il (lever) la main.
(v) Vous (réussir) toujours.
(vi) Nous (manger) du jambon.
(vii) Nous (se laver) le matin.
(viii) Ils ne (pouvoir) pas le trouver.
(ix) Elles (rire) de nous.
(x) Pourquoi (rire)-vous?

3. Écrivez les verbes au passé composé:

(i) Nous décidons de manger.
(ii) Je mange un sandwich.
(iii) Il trouve une tache sur son complet.
(iv) Tu attends longtemps.
(v) Nous pouvons le faire.
(vi) Ils versent du vin dans les verres.

(vii) Vous oubliez votre sac. (ix) Il finit le repas.
(viii) Je prends un billet. (x) Il cherche du pain.

4. Écrivez Ex. 3 à la forme négative (passé composé).

5. Écrivez Ex. 3 à la forme interrogative (passé composé).

6. En utilisant les éléments suivants, écrivez des phrases qui contiennent une comparaison (*Using the following elements, write sentences which contain a comparison*):

(*You will have to put the words in the right order, supply a verb, plus and que or qu'. The adjectives must agree with the nouns.*)

(Exemple: Un village, une ville, grand.
Une ville est plus grande qu'un village.)

(i) Un pique-nique, un dîner dans un grand restaurant, cher. (ii) Un train, une automobile, petit. (iii) Un vêtement neuf, une robe sale, bon. (iv) Un village, Paris, intéressant. (v) La jeune fille, le professeur, âgé. (vi) Les bouteilles, les verres, grand. (vii) Les automobiles, les camions, lourd. (viii) Les jardins, les rues, agréable. (ix) Un rasoir, un couteau, bien (*Use* **raser**). (x) Un train, une bicyclette (*bicycle*), vite (*Use* **aller**).

7. Remplacez par **on** les pronoms suivants et faites accorder les verbes (*Replace the following pronouns by on and make the verbs agree*):

(i) Vous devez commencer tout de suite. (ii) Nous faisons du bruit. (iii) Ils mettent le beurre sur le pain. (iv) Vous ne dites pas pourquoi. (v) Nous ne savons pas la réponse. (vi) J'attends longtemps. (vii) Nous nous levons à sept heures. (viii) Ils ont fini leur travail. (ix) Nous avons mangé des sandwiches. (x) Pouvez-vous manger ce jambon?

8. Corrigez l'histoire suivante en changeant les mots en italique (*Correct the following story by changing the words in italics*):

Un jour j'ai fait un petit voyage en chemin de fer. J'ai *trouvé* mon billet *à la fenêtre*. J'ai traversé *le quai* par la passerelle et je suis monté dans *la salle d'attente*. Le haut-parleur a *demandé*: «Les voyageurs pour Paris, *attendez*! Attention *aux courants d'air*!» Puis le contrôleur a demandé *mon mouchoir*. Où est-il? Je l'ai *trouvé* dans toutes mes poches mais au bout d'un moment le contrôleur l'a vu par terre (*on the ground*). Il l'a *mangé*.

9. Répondez affirmativement à ces questions, employant un pronom au lieu du mot en italique (*Reply affirmatively to these questions, using a pronoun instead of the word in italics*):

(i) Avez-vous *votre billet*? (ii) Aimez-vous *les voyages*? (iii) Le train entre-t-il *en gare*? (iv) Roger attend-il *son tour*? (v) Le train fait-il *du bruit*? (vi) Le contrôleur regarde-t-il *les billets*? (vii) L'employé parle-t-il *à Monsieur Martin*? (viii) L'homme vend-il des boissons *aux voyageurs*? (ix) Les Martin vont-ils *à Paris*? (x) Ont-ils *des bagages*?

10. Traduisez en français:

(i) I have put the bottles of wine in the basket. (ii) Put some butter on the bread. (iii) I have found a stain on my suit. (iv) Unfortunately we are a long way from Paris. (v) You have forgotten something important.* (vi) Do you know where the fruit is? (*Note: not* est) (vii) We have already done too many exercises. (viii) Will you give me some orangeade? (ix) He took a knife and cut the sausage. (x) One carries the glasses more easily on a tray.

* *d'*important.

11. Dictée

Vers midi / tous les‿occupants / du compartiment / ont décidé de déjeuner. / Généralement / le wagon-restaurant / (quand il y en a un) / n'a pas beaucoup de places / et en tout cas / les prix sont élevés. / Beaucoup de voyageurs / ont donc besoin / de faire un pique-nique. /

12. Écrivez 4 ou 5 lignes sur le sujet suivant:

Madame Martin raconte ce qui se passe pendant le pique-nique. (*Madame Martin tells what happens during the picnic.*)

DOUZIÈME LEÇON

L'hôtel

Monsieur et Madame Martin sont montés dans le taxi et Roger a donné un pourboire au porteur.

— Hôtel du Lion d'Or, rue Rambuteau, dans le IIIe (troisième). (L'hôtel est nouveau.)

— Bien, monsieur.

Le taxi a démarré, mais a dû s'arrêter presque immédiatement devant un feu rouge. Des piétons ont traversé la rue en empruntant[1] un passage clouté. Un feu vert a remplacé le feu rouge et le taxi est reparti. Les traînards (c'est à dire les derniers piétons sur le passage clouté) ont couru et sont arrivés au trottoir. Ils ont presque sauté. (Il vaut mieux ne pas s'arrêter au milieu de la chaussée. On ne sait jamais si l'automobiliste va s'arrêter!)

Au bout de quelques minutes les Martin se sont trouvés devant leur hôtel. Roger a réglé le taxi, ajoutant un pourboire de dix pour cent au prix marqué sur le compteur. Sa femme (Lucile) est descendue, et tous deux sont entrés dans l'hôtel portant leurs valises. Mais un chasseur est vite sorti pour les aider. Il a saisi les bagages, puis il a suivi nos amis jusqu'au bureau de réception, où il est resté debout auprès d'eux.

— Bonjour, mademoiselle, pouvez-vous nous donner une chambre pour deux personnes?

— Mais oui, monsieur. Si vous voulez attendre un moment je vais voir ce que nous avons de libre.

[1] *using*

Elle a pris un registre qu'elle a regardé pendant quelques moments.

— Eh bien, monsieur, nous avons une belle chambre au deuxième étage avec salle de bains.

— Donne-t-elle sur la rue? a demandé Lucile.

— Oh non, madame, elle donne sur la cour. Il n'y a aucun bruit. C'est la meilleure situation. On n'entend rien. Madame aimerait (*would like*) peut-être voir la chambre.

— Oui, s'il vous plaît, j'aime mieux la voir.

— Alors Jacques (c'est le nom du chasseur), faites voir le 27 à madame et à monsieur.

Jacques a pris les valises, a ouvert la grille et la porte de l'ascenseur. Les Martin sont entrés. On a refermé la grille et la porte. Jacques a appuyé sur un bouton marqué 2 et tous ont été transportés rapidement au deuxième étage. L'ascenseur s'est arrêté. On est sorti. Jacques a ouvert la porte de la chambre, a allumé, et les Martin sont entrés et ont regardé la chambre. Beaux meubles, grand lit, coiffeuse, armoire, téléphone à côté du lit, fauteuils, table, salle de bains.

— C'est charmant, n'est-ce pas? a dit Madame.

— Oui, nous la prenons.

— Bien, monsieur.

Jacques a posé les valises sur le porte-bagages, puis il est sorti.

Madame est entrée dans la salle de bains, a ouvert le robinet marqué «chaud» et a laissé couler l'eau.

L'eau est restée froide pendant longtemps.

— Ah, mais ça n'en finit plus![1]

— Essaie donc l'autre. Quelquefois le plombier se trompe et met le robinet «chaud» à la place du «froid». Ces ouvriers!

Elle a essayé l'autre, mais rien à faire!

Alors Monsieur Martin a décroché le récepteur du téléphone et a appelé le bureau.

— Allô, oui.

— Ah, mademoiselle, est-ce qu'il n'y a pas d'eau chaude?

— Je m'excuse, monsieur, c'est une nouvelle installation, mais

---

[1] *this goes on for ever*

nous avons eu une panne de chauffage; on l'a réparée maintenant, et dans une heure je vous promets de l'eau chaude.

— Merci, mademoiselle.

Grammaire à apprendre

§§ 44, 45, 46, et les verbes **sortir, suivre** (§ 60).
Révision de §§ 40, 41.

Vocabulaire à apprendre

les **bagages** (*masc.*), luggage
au **bout de**, at the end of
le **bouton**, button
la **chambre**, bedroom
le **chauffage**, heating
la **cour**, yard
courir, to run
à **côté de**, at the side of
debout (*adverb*), standing
donner sur, (*of room*) to look out on to
entendre, to hear
le **feu rouge** (*plur.* les feux rouges), traffic light
un **hôtel**, hotel
ne . . . jamais, never
libre, free
le **meuble**, piece of furniture
au **milieu de**, in the middle of

nouveau (*fem.* nouvelle; *plur.* nouveaux, nouvelles; *masc. sing. before a vowel*, nouvel), new
un **ouvrier**, workman
le **passage clouté**, pedestrian crossing
promettre, to promise
quelquefois, sometimes
remplacer, to replace
repartir, to start off again
rien à faire, there's nothing to be done
saisir, to seize
sauter, to jump
sortir, to go out
se **tromper**, to make a mistake
le **trottoir**, pavement

Exercices

1. Répondez aux questions en employant un pronom où cela se peut (*using a pronoun where possible*):

(i) Qu'est-ce qui a fait arrêter le taxi immédiatement après son départ? (ii) Où les piétons traversent-ils la rue? (iii) Où les piétons doivent-ils marcher? (iv) Qu'est-ce qu'on regarde pour vérifier (*check*) le prix du trajet dans un taxi? (v) Qui a saisi les bagages des

Martin? (vi) À quel étage de l'hôtel les Martin se sont-ils installés? (vii) Que peut-on voir par la fenêtre de leur chambre? (viii) Comment sont-ils montés à leur étage? (ix) Quelle déception (*disappointment*) Madame Martin a-t-elle eue en ouvrant le robinet? (x) Qu'est-ce qu'elle a fait alors?

2. Écrivez la forme correcte du verbe **avoir** ou du verbe **être** pour compléter les phrases:
(i) Nous — revenus. (ii) — -t-il parlé? (iii) — -vous tombés? (iv) Je — parti. (v) Elles — sorties. (vi) Elle — attendu. (vii) Ils se — levés. (viii) Nous — couru. (ix) Je — descendu. (x) Quand — -tu traversé la rue?

3. Écrivez la forme correcte du participe passé:

(i) Elle s'est (trouver) devant l'hôtel.
(ii) Est-elle (sortir)?
(iii) Les piétons ont (traverser) la rue.
(iv) Lucile est (rester) au lit.
(v) Nous nous sommes (coucher).
(vi) Nous sommes (partir).
(vii) Se sont-ils (coucher)?
(viii) Ils sont (retourner) au bureau.
(ix) Nous sommes (rentrer) à minuit.
(x) Nous avons (finir).

4. Écrivez au passé composé:
(i) Nous montons dans un taxi. (ii) Je m'arrête tout de suite. (iii) Nous nous trouvons dans l'hôtel. (iv) Les chasseurs descendent au bureau. (v) Lucile entre dans la chambre. (vi) Vous sortez avant nous. (vii) Je reste à la porte. (viii) Les Martin arrivent à l'hôtel. (ix) Les deux femmes vont au cinéma. (x) Je traverse la rue.

5. Écrivez Ex. 2 à la forme négative.

6. Écrivez Ex. 4 à la forme interrogative (au passé composé).

7. Écrivez la forme correcte du verbe au présent:
(i) Nous (ouvrir) la boîte. (ii) Je (suivre) les autres. (iii) Ils (sortir) après le déjeuner. (iv) Il me (suivre) partout. (v) Il (ouvrir) ses lettres avec un rasoir. (vi) Vous (sortir) très souvent. (vii) Le train (partir) à deux heures. (viii) Je (dormir) bien. (ix) Il se (servir)

d'un rasoir pour ouvrir ses lettres. (x) Vous (dormir) bien à la campagne.

8. Écrivez Ex. 7 au passé composé.

9. Écrivez le contraire (*Changez les mots en italique*):

(i) Ils arrivent *toujours* en retard. (ii) Je parle à *tout le monde.* (iii) Il y a *quelque chose* dans la boîte. (iv) *Tout le monde* le sait. (v) *Tout* est prêt.

10. Répondez en un seul mot (à la forme négative) à ces questions.

(i) Qui a fini son travail? (ii) Que trouvez-vous dans une chambre vide (*empty*)? (iii) Qui aime travailler nuit et jour? (iv) Quand avons-nous tous parlé avec un accent impeccable (*perfect*)? (v) Quel bruit entendez-vous quand tout est silencieux (*silent*)?

11. Traduisez en français:

(i) We had to stop at a traffic light. (ii) Cross the road by the pedestrian crossing! (iii) The cars stop when they are not going too quickly. (iv) I got up and went out of the room. (v) The man took the luggage and we followed him. (vi) When Lucile went into the hotel she found nobody at the reception desk. (vii) There is never any hot water here. (viii) We pressed the button but it was no use. (ix) Wait a moment! I am going to telephone to the office. (x) Isn't he going to bed? Will the noise never stop?

12. Dictée

Au bout de quelques minutes / nos amis / se sont trouvés / devant leur hôtel. / Roger a réglé le taxi / en ajoutant un pourboire. / Sa femme est descendue, / et tous les deux / sont entrés dans le hall, / portant leurs bagages. / Mais / un chasseur est vite sorti / pour les prendre. /

13. Écrivez 7 ou 8 lignes sur le sujet suivant:

Monsieur Martin raconte son arrivée à l'hôtel. (*M. Martin tells of his arrival at the hotel.*) (*Use the first person (* je *).*)

TREIZIÈME LEÇON

Au restaurant

Dans la chambre de l'hôtel les Martin se sont déshabillés, se sont lavés et se sont peignés. Lucile a passé une robe élégante (car sortir vêtue d'une belle robe, c'est ce qui lui plaît le plus), Roger a changé de chemise et de complet-veston. Ils se sont habillés sans perdre de temps. À Paris le temps est précieux surtout pour les gens qui viennent en visite.

Sept heures et quart. Les voilà prêts à sortir. Ils sont descendus dans l'ascenseur et ont passé au bureau pour laisser la clef de la chambre. La demoiselle a demandé à Monsieur Martin:

— Voulez-vous bien nous remplir cette feuille, monsieur?

Roger a pris la «fiche», c'est à dire le formulaire, et a cherché ses lunettes et son stylo. Il a trouvé ses lunettes mais pas son stylo. «Où peut-il être alors? Ah, oui, il doit être resté en haut.»

— Pardon, mademoiselle, j'ai laissé mon stylo dans la poche de l'autre complet. Puis-je emprunter le vôtre?

— Certainement, monsieur.

Et elle lui a prêté un stylo à bille qu'elle garde toujours sur le comptoir, sachant que la plupart de ses clients en ont besoin. (Ils laissent le leur toujours dans une autre poche.)

Roger a écrit sur la feuille son nom de famille, ses prénoms, son domicile habituel, sa profession, le numéro de sa carte d'identité, et le nom de la ville d'où il arrive. C'est ce que la police demande à savoir de tout voyageur qui descend à un hôtel.

Avant de sortir Roger a regardé la liste des spectacles: Folies-Bergère, Olympia, Châtelet etc. L'hôtel a une agence de billets, c'est à dire qu'il s'occupe de louer les places, mais Roger sait bien qu'il peut obtenir des billets beaucoup moins cher en s'adressant au théâtre même. L'hôtel prélève un assez gros pourcentage de «frais d'administration», et les prix deviennent très chers.

Roger et Lucile sont sortis de l'hôtel et sont partis à la recherche d'un bon restaurant. Roger sait bien ce qu'il veut et évite toujours à tout prix les restaurants qui font la réclame de plats anglais. Il a une opinion plutôt défavorable des habitudes gastronomiques des Anglo-Saxons. Et il sait que les restaurants qui veulent attirer des touristes d'Outre-Manche n'ont pas une cuisine bien soignée.

Il a découvert un petit restaurant qui, vu de l'extérieur, a l'air bien modeste, mais qui sert des repas délicieux à des prix raisonnables.

Ils y sont entrés. Le maître d'hôtel s'est approché.

— Bonsoir, madame, bonsoir, monsieur. Une table pour deux?

— S'il vous plaît.

— Par ici, s'il vous plaît, madame, monsieur. (Il retire les chaises. Ils s'asseyent.) Je vais vous apporter la carte.

Il en apporte deux, une pour madame, une pour monsieur, et se tient à l'écart pendant que les clients choisissent leurs plats.

Lucile a décidé.

Pour moi un pâté maison.

— Et pour monsieur?

— Des hors d'œuvre.

— Et ensuite, madame?

— Pour moi, des escargots et puis du poulet rôti.

— Et pour monsieur?

— Des langoustines, et puis un biftek.

— Et comme légumes, madame?

— Apportez-moi des petits pois seulement. Une salade pour suivre, naturellement.

— Bien, madame. Et pour monsieur?

— Des haricots verts et des pommes duchesse.[1] Et une salade.

— Bien, monsieur.

Le garçon met le couvert, c'est à dire qu'il arrange des places à table, mettant à chaque place un couteau, une fourchette, une cuiller, des verres et une assiette. Sur la table il y a toujours du sel, du poivre et de la moutarde.

[1] mashed potatoes (arranged in a conical scroll)

Le sommelier s'approche avec la carte des vins.

— Apportez-nous une demi-bouteille de ce Nuits Saint-Georges (indiquant le cru sur la liste) et ensuite une demi-bouteille de ce Vouvray.

— Bien, monsieur.

Le repas se termine avec un choix de fromages, des ananas au kirsch, du gâteau et du café «arrosé» (c'est à dire avec du cognac) pour Roger et un café nature pour Lucile, qui ne supporte pas très bien l'alcool.

Enfin arrive l'addition («la douloureuse», comme on l'appelle quelquefois). Ce n'est pas le meilleur moment du repas. Mais un bon repas se paie toujours!

REMARQUEZ:

— Voulez-vous me prêter votre stylo? J'ai perdu le mien.

Roger emprunte un stylo parce qu'il a perdu le sien.

— Lucile et Roger prennent leurs billets au théâtre. Où allons-nous prendre les nôtres?

Grammaire à apprendre

§§ 47, 48 et le présent des verbes **écrire, tenir, venir,** (§ 60).
Révision de §§ 40; 44.

Vocabulaire à apprendre

apporter, to bring
une assiette, plate
avoir l'air ..., to seem, to look ...
la carte, card, menu
la chemise, shirt
le client, customer
la cuiller, spoon
la cuisine, kitchen, cuisine (way of cooking)
descendre à un hôtel, to stay at a hotel
se déshabiller, to undress
devenir, to become
écrire, to write
emprunter, to borrow
éviter, to avoid
la feuille, leaf, sheet (of paper)
la fourchette, fork
le fromage, cheese

garder, to keep
gros (*fem.* grosse), large
une habitude, habit
le légume, vegetable
les lunettes (*fem.*), spectacles
le maître d'hôtel, head waiter
passer, to put on (*clothes*)
perdre, to lose, to waste (*time*)
le plat, dish
la plupart, most
la pomme de terre (*plur.* pommes de terre), potato
prêter, to lend
à la recherche de, in search of
le sel, salt
soigner, to take care over
le spectacle, show (*in theatre etc.*)
le théâtre, theatre

Exercices

1. Répondez aux questions:

(i) Que faut-il faire en arrivant à un hôtel? (ii) Où Roger a-t-il laissé son stylo? (iii) Qu'a-t-il fait pour écrire? (iv) Où est-ce qu'ils ont voulu dîner? (v) Pourquoi Roger n'a-t-il pas acheté ses billets de théâtre à l'hôtel? (vi) Quels restaurants les Français trouvent-ils mauvais? (vii) Qui sert les repas aux restaurants? (viii) De quoi se sert-on pour couper la viande? (se servir de, *to use*) (ix) Quels légumes préférez-vous? (x) Qu'est-ce qu'on prend après le repas?

2. Complétez en traduisant les mots entre parenthèses (*Complete, translating the words in brackets*):

(i) J'ai trouvé vos lunettes, mais où sont (*mine*)? (ii) Mon stylo est sur le bureau, mais je ne vois pas (*yours*). (iii) Il a pris ma clef

G

mais je n'ai pas pris (*his*). (iv) Cet hôtel est meilleur que (*theirs*). (v) Votre chambre est agréable, mais je préfère (*ours*). (vi) Prêtez-moi votre crayon, j'ai perdu (*mine*). (vii) Lucile aime ma robe mieux que (*hers*). (viii) Ma carte est là. Qu'as-tu fait de (*yours*)? (ix) Nos valises sont dans le vestibule; où sont (*theirs*)? (x) Vos parents sont plus âgés que (*mine*).

3. Écrivez correctement:

(i) J'(écrire) de la main droite, mais Jean (écrire) de la main gauche. (ii) Nous (écrire) bien, mais vous (écrire) mieux. (iii) Qu'est-ce que tu (écrire)? (iv) Nos amis nous (écrire) souvent. (v) J'ai (écrire) à tous mes amis. (vi) Il (tenir) la lampe trop loin de nous. (vii) Qu'est-ce que tu (tenir) à la main? (viii) Nous (tenir) toutes les cartes. (ix) Ils (tenir) les clefs à la main. (x) J'ai (retenir) une chambre. (xi) Elle (contenir) trois lits. (xii) Vous (devenir) plus gai. (xiii) (Venir) chez nous ce soir! (*imperative*). (xiv) Ils (revenir) d'habitude très tard. (xv) Ils sont (revenir) à dix heures. (xvi) Nous (venir) souvent ici. (xvii) (Décrire) ce que vous avez vu! (*imperative*). (xviii) Voilà trois fois que je (venir) ici.

4. Complétez en employant **ce qui** ou **ce que**. Chaque espace contient l'idée de 'what'.

(i) Savez-vous — j'ai fait hier? (ii) Je veux voir — se passe dans la cuisine. (iii) Prenez — vous voulez. (iv) — est terrible, c'est qu'il arrive toujours en retard. (v) Vous savez bien — je veux. (vi) Qu'est- — vous voulez? (vii) Qu'est- — va se passer maintenant? (viii) Comprenez-vous — je veux dire? (ix) Montrez-moi tout — vous avez fait (*all that you have done*). (x) Je ne sais pas — il fait.

5. Mettez au passé composé:

(i) Je m'habille.
(ii) Elle se lave.
(iii) Vous vous rasez.
(iv) Nous ne nous avançons pas.
(v) Elle ne se peigne pas.
(vi) Il se couche.
(vii) Nous nous asseyons.
(viii) Les voyageurs s'installent.
(ix) Se trompe-t-il?
(x) Ils ne s'approchent pas.

6. Vous êtes Roger Martin. Répondez à ces questions :

(i) Qu'avez-vous fait avant de sortir dîner à Paris ? (ii) À quelle heure êtes-vous sorti ? (iii) Pourquoi êtes-vous allé au bureau de l'hôtel ? (iv) Qui vous a prêté un stylo ? (v) Avez-vous besoin de lunettes pour écrire ? (vi) Quelle liste avez-vous regardée avant de sortir de l'hôtel ? (vii) Quelle sorte de restaurant évitez-vous toujours ? (viii) Que pensez-vous de la cuisine anglaise ? (ix) Qui est venu à Paris avec vous ? (x) Par quel moyen de transport êtes-vous venu à Paris ?

7. Mettez au passé composé :

Nous arrivons à Paris et demandons à un porteur de nous chercher un taxi. Dans ce taxi nous allons à un hôtel où nous pouvons trouver une chambre. Nous nous installons et nous nous lavons avant de sortir. Malheureusement en sortant de la chambre je laisse la clé à l'intérieur de la chambre et la porte se ferme à clé automatiquement. Je dois demander au bureau d'ouvrir notre porte.
— Que tu es bête ! dit ma femme.

8. Traduisez en français :

(i) I'm going to change my suit to go to the theatre. (ii) Will you give me my key please ? It's number thirty-six. (iii) We went up in the lift but we had to come down by the stairs. (iv) I wrote my name and address on the form but forgot to fill in the rest. (v) Where has André gone ? He went to buy a theatre ticket, but I suppose he has met a friend. (vi) The waiter did not waste any time; he brought the bill when he served the coffee. (vii) Have you chosen your dish, sir ? No, I haven't seen the menu yet. (viii) I came here at eight o'clock. It's now half past eight. When is someone going to serve me ? (ix) I don't like this soup. Let's ask the waiter to change it. (x) I know what I want, but I know too what is going to happen.

9. Dictée

Dans la chambre / de l'hôtel / Lucile s'est lavée, / puis / elle a passé une robe élégante. / Au bout de quelques minutes / elle a dit / à son mari : /

— Je suis prête. /

Alors / tous les deux sont descendus / au bureau / où ils ont laissé la clé. / La demoiselle a demandé / à Monsieur Martin: /

— Voulez-vous / remplir cette feuille, /monsieur? /

10. Écrivez 4 ou 5 lignes sur le sujet suivant:

Madame Martin écrit un message sur une carte postale qu'elle va envoyer à une amie (bon voyage — bon hôtel — bon repas — vont passer huit jours à Paris).

QUATORZIÈME LEÇON

Promenade dans les rues de Paris

À huit heures du matin Roger s'est réveillé en sursaut. «Déjà huit heures?» Il a embrassé Lucile et lui a dit:

— Ma chérie, il faut penser à se lever. Sinon notre matinée est perdue.

— On n'est pas tellement pressé! Ça fait du bien de faire la grasse matinée[1] de temps en temps. Fais donc ta toilette; je vais rester quelques minutes au lit. Où est le journal?

— Il n'est pas arrivé.

— Non, je veux dire celui d'hier.

— C'est celui-ci, n'est-ce pas?

— Oui, merci. Mais regarde cette chambre. Quelle horreur! Ne jette pas tes vêtements par terre!

— Je me suis couché très vite.

— Oui, mais si tu les jettes par terre nous allons marcher dessus.

— Veux-tu déjeuner tout de suite ou tout à l'heure?

— Oh, si tu es pressé de prendre ton café, appelle le bureau maintenant.

Roger a décroché le téléphone.

— Allô, ici la chambre 27. Voulez-vous, s'il vous plaît, nous envoyer deux petits déjeuners?

— Bien, monsieur, thé, chocolat ou café?

— Café au lait, s'il vous plaît. (Quand elle va en Angleterre Lucile prend du thé.)

En attendant l'arrivée du petit déjeuner, Roger a fait un brin de toilette.[2]

Quelques minutes plus tard la femme de chambre a frappé à la porte.

[1] *to have a lie-in*   [2] *titivated himself*

— Entrez!

— Bonjour, madame, bonjour, monsieur. Madame et Monsieur nous ont apporté le beau temps. On n'a pas vu un si beau soleil depuis au moins huit jours.

— Nous avons presque toujours de la chance quand nous venons à Paris.

— Voilà, madame — monsieur. (Elle pose le plateau sur la table.)

— Merci bien.

(Voici ce que la femme de chambre leur a apporté : un pot de café, un pot de lait chaud, deux croissants, deux petits pains, du beurre, six morceaux de sucre, deux tasses, deux soucoupes, deux cuillers, deux couteaux.)

Roger s'habille tout en mangeant : Lucile aime rester au lit pour déjeuner, ce qu'elle ne peut pas faire d'habitude chez elle. (Pourquoi ne mangeons-nous pas dans nos chambres en Angleterre ?)

Le petit déjeuner terminé les deux époux n'ont pas perdu beaucoup de temps. Quand il fait beau rien n'est plus agréable que de flâner sur les boulevards et dans les rues de Paris. Il y a tant à voir. On y voit toutes sortes de personnes de toutes les nationalités, car Paris est peut-être la plus cosmopolite de toutes les villes du monde. C'est celle qui attire le plus grand nombre de visiteurs.

Mais on ne passe pas dans les rues de Paris sans jeter un coup d'œil aux magasins. Les vitrines sont garnies avec goût et discernement dans le dessein d'attirer l'admiration du passant sinon pour l'inviter à acheter, car très souvent les choses (au moins celles qu'on admire) sont si chères que l'on se demande qui peut se payer un tel luxe. Cependant il y a d'autres magasins moins chers que ceux qu'on trouve sur les grands boulevards, et il est rare qu'on n'y trouve pas ce qu'on veut.

Pour ceux qui aiment flâner dans les magasins sans acheter il y a les grands magasins du genre Galeries Lafayette et bon nombre de Monoprix et de Prisunic où on vend des articles à la portée de tout le monde.

Les Martin ont donc passé la matinée à se promener ainsi. Ils ont commencé, comme disent les Parisiens quelquefois, par «faire une partie de lèche-carreau», expression qui veut dire regarder de si près et avec tant d'attention et de convoitise qu'on lèche presque la vitre du magasin, ce qui n'est guère exact pour les grandes personnes mais ce qui peut bien arriver aux petits enfants.

Ce qui est le plus difficile pour un provincial c'est de traverser les rues, car la circulation est intense. Il y a des passages cloutés pour les piétons mais il faut faire attention! Les voitures roulent vite à Paris et ne peuvent pas s'arrêter sur place même quand elles sont munies de freins excellents.

REMARQUEZ:

Les voitures roulent sur la chaussée; les bicyclettes roulent sur la chaussée dans la ville, mais quelquefois à la campagne elles roulent sur une piste spéciale. Les piétons marchent sur le trottoir. La chaussée est large, le trottoir est étroit.

Grammaire à apprendre

§ 49 et le présent et passé composé des verbes acheter, appeler, jeter lire, voir (§ 60).
Révision de §§ 24, 40, 44.

Vocabulaire à apprendre

attirer, to attract
la chance, good luck
le chocolat, chocolate
la circulation, traffic

le coup d'œil (*plur.* les coups d'œil), glance
depuis, since
difficile, difficult

envoyer, to send	le plateau (*plur.* -eaux), tray
frapper, to knock	à la portée de, within reach of
le frein, brake	se promener, to walk
ne . . . guère, scarcely	rouler (*of vehicle*), to go along,
jeter, to throw	to run
large, broad, wide	la soucoupe, saucer
le magasin, shop	le sucre, sugar
le monde, world, people	un tel (*fem.* telle), such a
perdre, to lose, waste (time)	la terre, ground; par terre, on
le petit pain, (bread) roll	the ground
le piéton, pedestrian	la vitrine, shop window
la piste, track	la vitre, (window) pane

Exercices

1. Répondez aux questions:

(i) À quelle heure Roger et Lucile se sont-ils réveillés? (ii) Pourquoi Roger a-t-il voulu se lever tout de suite? (iii) Que fait-on quand on fait la grasse matinée? (iv) Pourquoi Roger a-t-il téléphoné au bureau de l'hôtel? (v) Qui a frappé à la porte? (vi) Qu'est-ce que Roger et Lucile ont mangé au petit déjeuner? (vii) Quel temps a-t-il fait pendant la matinée? (viii) Qu'est-ce que les femmes aiment faire quand elles se promènent dans les rues de Paris? (ix) À quoi servent les passages cloutés? (x) À quoi sert le frein d'un véhicule? (xi) Êtes-vous allé à Paris? (xii) Comment vous appelez-vous?

2. Écrivez la forme correcte du verbe:

(i) Nous (appeler) la femme de chambre. (ii) Je m'(appeler) Maurice. (iii) Je ne (jeter) pas mes vêtements par terre. (iv) M. et Mme Voyou (jeter) leurs mégots (*cigarette ends*) dans le lavabo. C'est dégoûtant! (v) Ils (appeler) le bureau de temps en temps. (vi) Ils n'(acheter) pas de journal. (vii) Ils (lire) ceux des autres. (viii) M. Martin (jeter) un coup d'œil sur le journal. (ix) Où (acheter)-vous vos chapeaux? (x) Est-ce que tu m'(appeler)? (xi) Nous (voir) de belles choses. (xii) Que (voir)-tu? (xiii) Je ne (voir) rien. (xiv) Il vous (voir). (xv) Nous ne le (voir) pas. (xvi) Les Martin (voir) beaucoup d'Anglais. (xvii) Qu'avez-vous (jeter) dans la corbeille? (xviii) Où avez-vous (acheter) cela? (xix) Qu'avez-vous (voir) à Paris? (xx) Ont-ils (appeler) les autres?

3. Copiez en remplaçant le tiret par un pronom démonstratif (*Copy out, replacing the dash by a demonstrative pronoun (celui, etc.*)):

A. (i) J'ai trop de chapeaux; je vais jeter — qui sont démodés. (ii) Ne jetez pas — -ci, il est chic. (iii) Oh, — -là, je ne l'aime plus (*again referring to a hat*). (iv) Cette robe ressemble beaucoup à — que j'ai vu au Monoprix. (v) Ces chaussures ne sont pas — que j'ai vues dans la vitrine.

B. Remplacez la proposition en italique par un pronom démonstratif: (vi) *Ce pull-over-ci* est plus chic que ce *pull-over-là*. (vii) *La vitrine* de droite offre un grand choix; *la vitrine* de gauche n'offre presque rien. (viii) *Les gens* qui travaillent sont plus heureux que *les gens* qui ne font rien. (ix) Aujourd'hui les femmes de Londres sont aussi élégantes que *les femmes* de Paris. (x) *Cette automobile-ci* me plaît mieux que toutes *les automobiles* qu'on m'a montrées.

4. Copiez les phrases suivantes, traduisant les mots en italique:

(i) Quel journal? (*This one*)? ou (*the one*) que vous avez acheté? ou (*the one*) qui est arrivé par la poste? ou (*Roger's*)?

(ii) Quelles fleurs* préférez-vous? (*These*)? ou (*those*)? ou (*those*) qui sont dans la vitrine? ou (*Lucile's*)?

(iii) Quels beaux arbres! (*Those*) du boulevard sont encore plus beaux que (*those*) du parc.

★ flowers.

5. Mettez au passé composé:

(i) Je me réveille à sept heures. (ii) Je ne fais pas ma toilette tout de suite. (iii) Je reste au lit. (iv) Enfin je décide de me lever. (v) J'appelle le bureau. (vi) Je demande un petit déjeuner. (vii) La femme de chambre apporte un plateau. (viii) Je déjeune tranquillement. (ix) Je regarde par la fenêtre. (x) Je vois la pluie.

6. Vous êtes Lucile Martin. Répondez à ces questions:

(i) Qui s'est réveillé le premier, vous ou votre mari? (ii) Qu'avez-vous demandé à votre mari? (iii) Avez-vous pris du thé au petit déjeuner? (iv) Qui a apporté le plateau? (v) Où avez-vous pris votre petit déjeuner? (vi) Qu'est-ce que vous regardez quand vous vous promenez dans les rues de Paris? (vii) Qu'est-ce que vous avez trouvé difficile à faire dans les rues? (viii) Avez-vous vu seulement des Français à Paris?

7. Répondez en français en employant un pronom pour remplacer le mot en italique (*Answer in French using a pronoun to replace the word in italics*):

(i) *Roger* reste-t-il *au lit*? (ii) *Les deux époux* prennent-ils *le petit déjeuner*? (iii) Mangent-ils *des petits pains*? (iv) Aimez-vous regarder *les vitrines*? (v) Aimez-vous *le café*? (vi) Offrez-vous des fleurs *à votre femme*? (vii) *Les parents* donnent-ils des cigarettes *aux enfants*? (viii) *La femme de chambre* pose-t-elle le plateau *sur le lit*? (ix) Avez-vous *un avion*? (x) Faites-vous *votre toilette* en deux minutes?

8. Copiez en traduisant les mots en italique:

(i) Elle prend (*her*) café.
(ii) Je ne trouve pas (*my*) mouchoir.
(iii) Où est (*my*) assiette?
(iv) Ils n'aiment pas (*their*) chambre.
(v) Tu dois faire (*your*) toilette.
(vi) (*Her*) chaussures sont sales.
(vii) Qu'as-tu fait de (*your*) couteau?
(viii) Il a laissé (*his*) voiture au garage.
(ix) Où sont (*our*) journaux?
(x) Où est (*my*) tasse?
(xi) J'ai perdu (*my*) gants.
(xii) (*Your*) tasse est vide.
(xiii) (*Our*) hôtel n'est pas cher.
(xiv) Les Martin passent (*their*) vacances à Paris.
(xv) (*Your*) livres sont sur la table.

9. Traduisez en français:

(i) She said to him "Get up, it's nine o'clock. Don't stay in bed." (ii) He threw the garment on the floor and walked on it. (iii) Please bring me some tea at once. I am waiting. (iv) These cups are dirty but those are clean. Let's take them! (v) She knows what she wants but she can't afford (*se payer*) such a luxury. (vi) I like this shop but I don't like the one we looked at in the other street. (vii) I saw an excellent hat in this window, yes, that one. (viii) When he calls me I don't answer. Then he has to call me again. (ix) There is so much

noise here but there is also so much to do. (x) You don't often see
such a beautiful town as this one ('*such*' *is here si*).

10. Dictée

Roger s'habille / tout‿en mangeant: / Lucile aime rester au lit /
pour déjeuner, / ce qu'elle ne peut pas faire / d'habitude / chez‿
elle. /

Quand‿ils sont prêts / les deux‿époux / ne perdent pas beaucoup
de temps. / À Paris / il y a trop‿à voir. /

11. Écrivez 6 ou 7 lignes:

Roger raconte sa journée (se laver — déjeuner — flâner dans la rue
— regarder les vitrines).

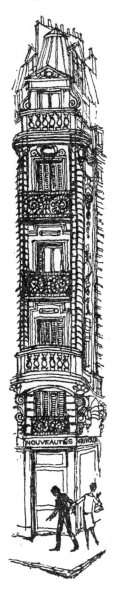

QUINZIÈME LEÇON

Au magasin

Naturellement on ne peut pas voir tant de belles choses exposées dans les vitrines sans avoir envie d'en acheter au moins une ou deux.

Lucile s'est arrêtée devant la vitrine d'un magasin de tissus.

— Regarde ces couleurs et ces dessins! N'est-ce pas un choix magnifique?

— Il faut avouer que c'est un régal pour les yeux. Mais tu trouveras le même genre de tissus moins cher chez nous.

— Mais il ne s'agit pas seulement du prix. Il s'agit de trouver quelque chose qu'on aime. Ce sera sans doute moins cher chez nous, mais nous ne serons pas aussi contents. Si j'achète un de ces tissus j'aurai le plaisir de le contempler pendant des années; si j'en choisis un moins beau nous le regretterons toujours.

— Tu as parfaitement raison, comme d'habitude, mais si nous agissons selon ces principes nous nous ruinerons; avant quelques mois ce sera la banqueroute.

— En tout cas nous regarderons de plus près. Tu demanderas les prix et s'ils sont vraiment trop élevés, tant pis, nous renoncerons à l'idée.

— Que feras-tu de ce tissu si tu l'achètes?

— Mais tu sais bien que je le veux pour les rideaux du salon. Tu n'as peut-être pas remarqué l'état de ces rideaux. Je suis toujours

obligée de dire à la femme de ménage: «Vous ferez bien attention
de ne pas déchirer ces rideaux. On les remplacera l'année prochaine.»
Il y a trois ans que je lui dis cela.[1] Elle ne me croit plus et se
dit qu'ils resteront là tant que la maison y restera.

— Si nous entrons le marchand nous obligera à acheter.

— Non, non.

Roger s'est résigné. Adieu la nouvelle voiture qu'il convoite!
Dans le magasin Lucile soulève le coin d'un beau tissu délicat.

— C'est combien, mademoiselle?

— Attendez, madame, je vais vérifier.

Elle s'en va consulter son chef et revient pour annoncer le prix
du mètre.

— Je le trouve bien cher.

— Mais c'est d'une qualité superbe, madame. Madame ne
regrettera pas son choix.

— Tout de même c'est trop cher.

— Que pensez-vous, madame, de ce tissu-ci? Sa qualité est
presque semblable au premier et il coûte sensiblement moins cher.

— Je vais réfléchir, mademoiselle, merci.

Lucile sait que parfois il arrive qu'on trouve le même article un
peu moins cher dans un magasin moins chic. Cherchera-t-elle
ailleurs ou retournera-t-elle à ce premier magasin?

Roger trouve qu'il mérite un demi de bière pour se consoler
d'avoir attendu si longtemps.

— Il est onze heures et demie déjà. Je n'ai bu qu'une seule tasse
de café ce matin.

— Nous n'avons qu'une heure avant de déjeuner.

— Une heure en effet, mais j'ai soif. Buvons quelque chose. Nous
trouverons bien un café tout près. Il est l'heure de l'apéritif.

— Nous allons d'abord chercher un autre magasin de tissus.

— Mais il n'y a plus de magasins de ce côté.

— Si, par là. Nous allons traverser.

— Je te dis qu'il n'y en a pas!

— Nous verrons.

Quand Lucile est têtue il n'y a rien à faire. Roger se résigne à

[1] *I've been telling her that for three years*

l'inévitable. Mais en effet il n'y a aucun magasin dans cette rue, et Lucile a consenti à s'installer devant une table.

(Plus tard elle achètera son tissu et fera ses rideaux. Elle aura besoin d'une aiguille, d'un dé pour protéger le doigt, de fil et de ciseaux pour couper le fil. Elle aura besoin aussi d'une machine à coudre et d'épingles, sans parler de patience!)

Grammaire à apprendre

§§ 50, 51, 52, 53, et les verbes **boire** et **croire** (§ 60).
Révision de §§ 34, 35, 46.

Vocabulaire à apprendre

une **aiguille**, needle
    avoir envie de, to want to
    avoir raison, to be right
  le **chef**, chief
les **ciseaux** (*masc.*), scissors
    content, pleased
  le **côté**, side; **de ce côté**, in this direction
    croire, to believe
    déchirer, to tear
un **demi**, half (*also* a measure of beer)
  le **doigt**, finger
une **épingle**, pin
  un **état**, state
  la **femme de ménage**, daily help

le **fil**, thread
    fort, strong
la **machine à coudre**, sewing machine
le **marchand**, dealer
    mériter, to deserve
le **plaisir**, pleasure
    réfléchir, to reflect (think about)
le **rideau** (*plur.* -eaux), curtain
le **salon**, lounge, sitting-room, drawing-room
    sans, without
    tant de, so many, so much
    tant pis! it can't be helped
le **tissu**, (woven) material

Exercices

1. Répondez en français:

(i) Qu'est-ce qui a attiré l'attention de Lucile? (ii) Pourquoi veut-elle acheter l'article? (iii) Pourquoi la femme de ménage doit-elle faire attention en nettoyant le salon? (iv) Pourquoi Lucile refuse-t-elle le tissu qu'elle a regardé? (v) Qu'est-ce qui arrivera (*will happen*) si Roger dépense trop d'argent? (vi) Comment Roger montre-t-il qu'il est fatigué de regarder les vitrines? (vii) Où peut-on boire un apéritif? (viii) Quand boit-on un apéritif? (ix) Pourquoi Lucile accepte-t-elle de boire quelque chose? (x) Où met-on le dé? et pourquoi?

2. Écrivez la forme correcte du verbe:

(*a*) *au présent:*

(i) Le (croire)-vous? (ii) Non, je ne le (croire) pas. (iii) Il ne le (croire) pas. (iv) Je ne (boire) pas de vin. (v) Nous (boire) beaucoup d'eau. (vi) Elles ne nous (croire) pas.

(*b*) *au futur:*

(vii) Tu ne le (croire) pas. (viii) Nous le (croire) s'il arrive à temps. (ix) Le (croire)-ils? (x) Vous le (boire) demain.

(*c*) *au passé composé:*

(xi) Je (croire) le voir ce matin. (xii) Vous ne (croire) pas pouvoir le faire. (xiii) Voilà ce que nous (croire). (xiv) (Boire)-vous le vin? (xv) Oui, je le (boire).

3. Écrivez la forme correcte du verbe au futur:

(i) Nous choisissons un tissu.
(ii) Lucile demande le prix.
(iii) Ils font beaucoup de bruit.
(iv) Tu as trop à faire.
(v) Je viens vous voir.
(vi) Je n'achète rien là.
(vii) Ils y jettent un coup d'œil.
(viii) Ils emmènent le chien.
(ix) Je n'attends pas longtemps.
(x) Quand pouvons-nous le voir?
(xi) Vous êtes en retard.
(xii) Il ne me voit pas.
(xiii) Vous savez pourquoi c'est inutile.
(xiv) Que faut-il faire?
(xv) Vous appelez la femme de chambre.

4. Écrivez au passé composé:

(i) Je ne peux pas le faire.
(ii) Trouvez-vous le chemin?
(iii) Ils y restent longtemps.
(iv) Quand revient-il?
(v) Ils boivent des jus de fruits.

(vi) Les femmes s'arrêtent devant la vitrine.

(vii) J'achète mes chapeaux à Paris.

(viii) Nous attendons l'autobus.

(ix) Il se résigne à l'inévitable.

(x) Elle s'en va.

5. (*a*) Remplacez le tiret par un pronom relatif (**qui, que, qu'**):

(i) Les rideaux — il nous a montrés sont chers. (ii) C'est ce tissu — me plaît le plus. (iii) Voilà la maison — j'aime. (iv) Regardez ce — il a fait. (v) Qui est la femme à — il parle?

(*b*) Joignez les deux propositions en employant un pronom relatif:

(**Exemple**: C'est une ville; je la connais.
C'est une ville que je connais.)

(i) Cet article coûte plus cher. Cet article est meilleur. (ii) Vous avez pris une aiguille. L'aiguille est trop grande. (iii) Voici la voiture. Il convoite cette voiture. (iv) Cette machine à coudre ne marche pas bien. Cette machine à coudre est un vieux modèle. (v) C'est un beau dessin. Elle a choisi le dessin.

6. Complétez en employant un pronom personnel à la forme tonique (*a disjunctive pronoun*):

(i) Ce mouchoir est-il à vous? Oui, c'est à — . (ii) Y allez-vous avec Lucile? Oui j'y vais avec — . (iii) Sont-ils à la maison? Oui, ils sont chez — . (iv) Est-ce que tu me l'offres? Oui, c'est pour — . (v) Partez-vous avant Georges? Oui, je pars avant — . (vi) Y a-t-il quelque chose pour nous? Non, il n'y a rien pour — . (vii) Quant à — , elles ne sont jamais là. (viii) Peut-on le faire sans — ? Non, on a besoin de vous deux. (ix) Mettons-nous derrière ces gens. Oui, allons derrière — . (x) Dois-je signer après mon mari? Oui, après — .

7. A. Mettez à la forme négative et changez les mots imprimés en italique:

(i) Nous allons *souvent* à Londres. (ii) Je lui parlerai. (iii) Nous trouverons *beaucoup de choses* là. (iv) Il connaît tout le monde. (v) Parlez français!

B. Traduisez les mots anglais et écrivez les phrases correctement:
(vi) Nous avons de l'argent (*no more money*). (vii) Nous
choisissons les meilleurs (*only the best*). (viii) Il habite Paris
(*no longer lives in*). (ix) Ils répondent à nos lettres (*never
answer*). (x) Elle aime (*not anything*).

8. Traduisez:

(i) I shall look at it tomorrow when I am (*shall be*) in Paris. (ii)
They will find better things in the shop windows. (iii) What shall
we do if we don't like the curtains? (iv) I don't know. We shall be
obliged to look at them for several years. (v) It is not only a question
of quality. The design must be pleasant, too. (vi) I believe that there
is no more white cotton. Let's buy some at this shop. (vii) Roger
has waited so long that he has forgotten why he has come. (viii) We
have been telling him that for years, but he will never believe us.
(ix) Roger will drink only one glass of beer because it is late. (x)
Well, you must admit that we need new curtains. We have waited
long enough.

9. Dictée

— Voulez-vous bien / demander le prix / de ce tissu / pour moi?
/ Je veux / en savoir le prix / avant d'entrer / dans le magasin. / Si
ce n'est pas trop cher / j'en achèterai, / mais je n'ai pas envie / de
passer la matinée ici / et, une fois entrée, / je serai obligée / de
regarder beaucoup de choses. / Mais vous êtes un homme / et vous
sortirez facilement. /

10. Écrivez 6 ou 7 lignes sur le sujet:

Ce que je ferai pendant les vacances.

H

SEIZIÈME LEÇON

Accident

Il était midi moins le quart. Le café était situé près d'un carrefour et avait sa terrasse sur le large trottoir à l'ombre des arbres. Quel soulagement de pouvoir s'asseoir après avoir tant marché! Il est agréable de rester dehors (en plein air) quand il ne fait pas froid. En attendant l'arrivée du garçon, Roger et Lucile regardaient la circulation et les passants. Un vieux mendiant passait marmottant quelque chose entre ses dents. Il avait sur le dos une espèce de pardessus sale, et la semelle d'un de ses pauvres souliers se détachait visiblement et rythmait son pas[1] traînant le long du pavé.

Un marchand de journaux vendait *France-Soir*, les feux rouges interrompaient à chaque minute le flot des véhicules, les autobus s'arrêtaient à l'arrêt facultatif devant le café et repartaient aussitôt avec leur charge de voyageurs.

Une mère a passé, poussant devant elle une voiture d'enfant. Le petit a laissé tomber une balle que Roger a ramassée et que le bébé a saisie mais qu'il a jetée de nouveau par terre.

Mais voici le garçon. Il portait un tablier et tenait une serviette blanche sur son bras.

— Monsieur?

— Un porto blanc et un demi de bière.

— Bien, monsieur.

Pendant que le garçon allait chercher les boissons, les Martin continuaient à regarder la scène mouvementée qui se déroulait devant eux. Soudain ils ont entendu un crissement de freins suivi d'un bruit de métal qu'on choque. Un autobus, en démarrant et en obliquant légèrement à gauche, avait tamponné une automobile qui

[1] *put rhythm into his step*

le doublait. Le pare-choc de l'auto avait quelques bosses, ainsi que l'aile de l'autobus. Rien de plus.

Personne n'était blessé. Pourtant les deux chauffeurs commençaient à s'injurier à grand renfort de gestes.[1] Ils étaient tous les deux en colère.

— Il faut être aveugle pour ne pas voir mon signal.

— Il faut être bien bête pour démarrer au moment même qu'on vous double!

— On ne conduit pas sans regarder devant soi!

— Précisément! Vous ferez bien d'y penser!

— Je te donnerai l'adresse d'une bonne auto-école!

Pendant qu'ils se disputaient ainsi et causaient un véritable embouteillage, un agent de police est arrivé, le carnet ouvert et le crayon à la main.

— Monsieur!

C'était le garçon qui arrivait avec les boissons.

— Merci bien.

On n'a pas entendu ce que disait l'agent de police. Il parlait doucement et se bornait à écrire le compte rendu de ce qu'il apprenait au sujet de l'accident. Cette sorte d'accident arrive tous les jours et ne l'intéresse pas beaucoup.

Les deux époux ont dégusté leurs boissons tout en regardant le va-et-vient sur le trottoir. (*Déguster* veut dire boire à petites gorgées).

Peu après Roger a appelé le garçon alors qu'il passait près de la table. Il a demandé l'addition, qu'il a réglée sans laisser de pourboire puisque le service était compris.

Puisque Roger connaissait un bon restaurant dans le quartier ils n'avaient pas besoin d'en chercher.

Grammaire à apprendre

§ 54 et le verbe **connaître** (§ 60).
Révision de §§ 39, 40, 44, 48, 52.

[1] *with many gestures*

Vocabulaire à apprendre

une **addition**, bill
une **aile**, wing
  apprendre, to learn
  l'**arrière** (*masc.*), rear
  aussitôt, immediately
  aveugle, blind
le **bébé**, baby
le **bras**, arm
le **carnet**, notebook
  chaque, each
le **chauffeur**, driver
le **coin**, corner
la **colère**, anger
  connaître, to know (person *or* place)
(au) **dehors**, outside

doubler, to overtake
doucement, quietly
une **école**, school
une **espèce de**, a kind of
le **garçon**, waiter
le **mendiant**, beggar
le **métal**, metal
l'**ombre** (*fem.*), shade; à l'**ombre de**, in the shade of
en plein air, in the open air
le **pourboire**, tip
le **quartier**, district
ramasser, to pick up
une **sorte de**, a sort of
le **soulier**, shoe

Exercices

1. Répondez aux questions:

(i) Qu'est-ce que Roger et Lucile faisaient en attendant l'arrivée du garçon? (ii) Quelles personnes passaient devant eux? (iii) Qu'est-ce qui arrête les voitures de temps en temps? (iv) Qu'est-ce que le bébé a laissé tomber? (v) Qu'est-ce que Roger a fait? (vi) Qu'est-ce que Roger a commandé? (vii) Qu'est-ce qui a attiré soudain l'attention des passants? (viii) Que faisaient les chauffeurs? (ix) Que fait un agent de police quand un accident arrive? (x) Que faut-il faire avant de quitter le café?

2. Copiez en mettant le verbe à l'imparfait:

(i) Il commence à crier.
(ii) Elle a un beau chapeau.
(iii) Il ne peut rien faire.
(iv) Est-ce que je le sais, moi?
(v) Ils apprennent beaucoup ici.
(vi) Ils sont en retard.
(vii) Je ne le connais pas.
(viii) Je veux lui parler.
(ix) Elle va nous le dire.
(x) Je ne lis pas les journaux.

3. Écrivez la forme correcte du verbe au présent:

   (i) Ils (choisir) un beau tissu.   (vi) Elle (venir) avec nous.
  (ii) Nous (dormir) bien.   (vii) Ils (attendre) sur le
 (iii) Je (sortir) beaucoup.   trottoir.
 (iv) Qu'est-ce que tu (tenir)?   (viii) Vous m'(interrompre).
  (v) (Connaître)-vous cette   (ix) Je (aller) y penser.
      ville?   (x) Que (faire)-ils?

4. Écrivez les verbes de l'exercice 3:

  A. au passé composé; B. au futur; C. à l'imparfait.

5. Écrivez le participe présent pour compléter:

  (i) Il parle en (conduire). (ii) Ne (savoir) que faire, il s'arrête. (iii) Tout en (causer) il se grattait le cou. (iv) Il est sorti (laisser) la porte ouverte. (v) (Saisir) le bébé, elle a sauté juste à temps. (vi) Le camion a tamponné l'autobus, (blesser) quelques voyageurs. (vii) En (chercher) le journal j'ai trouvé cette lettre. (viii) Elle est entrée (porter) un tablier. (ix) Ne (recevoir) pas de réponse il est allé les voir. (x) (Voir) ce qui arrivait il nous a crié.

6. A. Copiez en traduisant le mot anglais:

    (i) Je ne sais pas (*what*) vous voulez. (ii) Savez-vous (*what*) il a fait? (iii) Il vous dira (*what*) est arrivé. (iv) (*What*) vous regardez? (v) (*What*) a causé l'accident?

  B. Mettez au discours indirect.

    (**Exemple**: «Qu'est-ce que vous cherchez?»
        Il me demande ce que je cherche.)

    (vi) Je demande à Lucile «Qu'est-ce que vous avez vu?» (vii) Il demande «Qu'est-ce qui se passe?» (viii) Ils me demandent: «Qu'est-ce que vous pensez de cela?» (ix) Elle demande à Roger: «Savez-vous ce que vous faites?» (x) Nous nous demandons: «Qu'est-ce qui vous a fâché?»

7. *Jeu de patience* (*Jigsaw puzzle*)

  (*These phrases are in the wrong order: written in the correct order they make a 'story'.*)

et je voulais — pendant que je parlais — s'injuriaient — boire
— au garçon — j'ai entendu — je me suis installé — j'avais soif —
un bruit — une automobile — d'un café — un autobus avait —
un verre de bière — et les chauffeurs — à la terrasse — tamponné.

8. Traduisez:

(i) What was he doing? He was talking to the waiter. (ii) While I
was looking at the car a policeman arrived. (iii) As she was very
angry she did not speak to him. (iv) The beggar was wearing old
shoes and a black overcoat. (v) The baby was playing with a ball
and the mother was pushing the pram. (vi) While the waiter was
going to fetch the wine Pierre left the table. (vii) My wife was angry
because we were very late for the meal. (viii) What were you looking
at in the street while I was busy? (ix) I liked that café. All my friends
used to come there often. (x) When we were young we lived in a
village where there were very few cars.

9. Dictée

Le café était situé / près d'un carrefour / et avait sa terrasse / sur
le large trottoir / à l'ombre des arbres. /

Assis à une table / Roger regardait les passants / et les voitures /
qui s'arrêtaient souvent / à cause du feu rouge. /

Le garçon est arrivé. / Il portait un tablier / et tenait une
serviette blanche / sur le bras. /

10. Décrivez (*describe*) (en 6 ou 7 lignes) ce que vous avez vu dans
la rue ce soir.

DIX-SEPTIÈME LEÇON

Autobus ou Métro?

— Qu'est-ce qu'on va faire maintenant? a demandé Roger, après avoir réglé l'addition au restaurant où ils avaient déjeuné. Ils s'étaient bien régalés et se sentaient dans un doux état de bien-être mais peu désireux de faire plusieurs kilomètres à pied.

— J'ai presque honte de le proposer, mais sais-tu ce que j'aimerais faire? C'est ridicule, je le sais bien; je voudrais d'abord monter jusqu'au sommet de la Tour Eiffel.

— Bonne idée, Lucile. Nous pourrions jouir d'un panorama splendide aujourd'hui. Le temps est idéal, le soleil brille, il n'y a pas de nuages, pas la moindre trace de brume ou de brouillard. On devrait prendre des photos. Je passerai à l'hôtel chercher mon appareil.

— Oh! que je suis heureuse! Je pensais que tu te moquerais de moi.

— Non, chérie, je n'oserais pas le faire. Ah, c'est malheureux, nous ne pourrons pas aller directement à l'hôtel par le Métro; il faudrait changer à la Concorde où il y a des couloirs interminables.

— Si on prenait un taxi on arriverait plus vite et on n'aurait pas besoin de marcher.

— Va pour cette fois, mais si nous prenons toujours des taxis nous dépenserons tout notre argent en déplacements. Il vaudrait mieux le dépenser au restaurant ou au spectacle.

Ils ont attendu un moment devant un écriteau «Taxis. Tête de station». Un taxi est arrivé et les a transportés bien vite jusqu'à l'hôtel.

En sortant de l'hôtel, ils ont commencé la discussion de nouveau.

— Si nous prenions l'autobus cette fois.

— D'accord. Mais quelle ligne est-ce? Le petit plan des lignes d'autobus nous le dirait si je pouvais le trouver. L'as-tu vu?

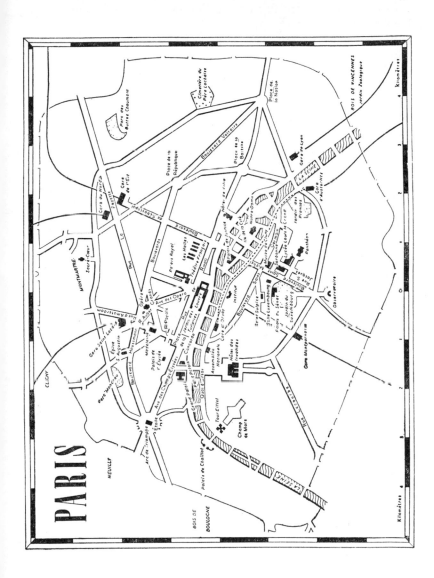

— Non, la dernière fois que tu t'en es servi, c'était hier. As-tu bien cherché dans tes poches?

Bien sûr que c'était dans une poche. Roger l'a sorti presque aussitôt. Lucile n'a rien dit, mais elle a adressé à son mari un sourire ironique.

Au pied de la Tour Eiffel il y a une espèce de jardin avec des plantes, des fleurs et du gazon. Là traînaient naturellement beaucoup de touristes étrangers armés d'appareils photographiques de toutes sortes y compris plusieurs caméras.[1] Entendant parler anglais partout autour d'eux Roger et Lucile avaient l'impression d'avoir traversé la Manche.

Ils ont pris l'ascenseur situé à l'intérieur d'un des piliers pour monter jusqu'au deuxième étage, puis il a fallu quitter la cabine et prendre l'ascenseur central. À ce point-là un des touristes étrangers a eu peur et a refusé de monter plus haut.

— Pour rien au monde je ne monterai là-haut! J'aurais trop peur d'avoir le vertige.

— Mais vous êtes déjà bien loin du sol. Qu'est-ce que cela vous fera d'être encore plus haut?

C'est Roger qui lui parle.

— Je ne peux pas me défaire de l'idée de ce qui arriverait si on tombait.

— Mais on se casserait le cou tout aussi bien en tombant de l'Arc de Triomphe ou même d'un pont.

— Oui, mais ça c'est moins impressionnant.

— Mais on se tuerait tout de même.

Lucile l'a complimenté sur son accent français et ils l'ont quitté

---

[1] *ciné cameras*

pour continuer l'ascension. À mi-chemin il a fallu changer d'ascenseur et on se sentait dans le vide.

— Que dirait notre ami s'il était ici ?

— Je me demande ce qui l'a poussé[2] à monter au premier étage. Il aurait mieux fait d'aller au Sacré-Cœur s'il voulait jouir d'un panorama.

— Mais tu sais bien, chérie, que les touristes ont besoin de raconter aux amis qu'ils ont fait telle ou telle chose et qu'ils ont vu tel ou tel lieu. Si ce n'était pour cela il y en aurait beaucoup qui resteraient chez eux.

Arrivés au sommet ils ont vu tout Paris étalé comme une carte. Ils ont aperçu l'Île de la Cité avec Notre-Dame et les toits des principaux bâtiments. Au sud-ouest se trouvait le bois de Meudon.

Roger voulait prendre des photos, mais ne savait pas bien où commencer.

Grammaire à apprendre

§ 55.
Révision de §§ 40, 44, 52, 54.

Vocabulaire à apprendre

d'abord, (at) first
un appareil photographique, camera
le bois, wood
briller, to shine
le brouillard, fog, mist
se défaire de, to get rid of
un étranger, foreigner
le gazon, turf
heureux (*fem.* heureuse;
  masc. plur. heureux), happy
la honte, shame; avoir honte,
  to be ashamed
jouir de, to enjoy
le lieu (*plur.* les lieux), place

la ligne, line, route
la Manche, English Channel
se moquer de, to make fun of
le nuage, cloud
partout, everywhere
la photographie (photo), photograph
la plante, plant
se servir de, to use
le sol, ground
le sommet, top, summit
le sourire, smile
le toit, roof
tuer, to kill
le vide, space, emptiness

2 *urged*

Exercices

1. Répondez aux questions:

(i) Qu'est-ce que les Martin ne voulaient pas faire après le repas? (ii) Quelle proposition Lucile a-t-elle faite? (iii) Pourquoi les gens aiment-ils monter sur la Tour Eiffel? (iv) Pourquoi les Martin allaient-ils retourner à leur hôtel? (v) Pourquoi n'ont-ils pas pris le Métro? (vi) De quel moyen de transport se sont-ils servis? (vii) Pourquoi ont-ils pris l'autobus pour aller à la Tour Eiffel? (viii) Qu'est-ce que Roger avait perdu? (ix) Où l'a-t-il trouvé? (x) Comment fait-on l'ascension de la Tour Eiffel? (xi) Quel autre endroit à Paris offre un panorama? (xii) Pourquoi les touristes veulent-ils tout visiter?

2. Mettez la forme correcte du verbe (*a*) au présent, (*b*) au passé composé, (*c*) au futur, (*d*) à l'imparfait, (*e*) au conditionnel:

(i) Ils ne (pouvoir) pas entendre.
(ii) Elle (prendre) son café.
(iii) Ils (devoir) se dépêcher.
(iv) Qu'est-ce que vous (apprendre)?
(v) Ils n'(apprendre) rien.
(vi) Tu ne (devoir) pas le faire.
(vii) (Pouvoir)-je m'en aller?
(viii) Nous (prendre) un taxi.
(ix) Je (pouvoir) le dire.
(x) Vous (devoir) y aller.

3. Mettez au conditionnel:

(i) Que faites-vous?
(ii) Il faut passer à l'hôtel.
(iii) Je me moque de ses menaces.
(iv) J'ai honte de le dire.
(v) Les scooters font beaucoup de bruit.
(vi) Ils déjeunent tard.
(vii) Il dépense tout son argent.
(viii) Lucile est contente.
(ix) Le garçon vient.
(x) Que peuvent-ils faire?

4. Mettez les phrases de l'exercice 3: (*a*) à l'imparfait, (*b*) au passé composé.

5. Écrivez au passé en employant l'imparfait ou le passé composé selon le sens (*according to the meaning*):

(i) Le soleil brille quand nous partons (*was shining—we left*). (ii) Pendant que je prends des photos un agent de police s'approche (*was taking—came up*). (iii) Nous sortons parce qu'il fait beau (*went out—was fine*). (iv) Roger règle l'addition pendant que Lucile met du rouge (*paid—was putting on*). (v) Les touristes portent des caméras et marchent lentement (*were carrying—were walking*). (vi) Ils montent au sommet de la Tour Eiffel d'où ils voient tout Paris (*went up—saw*). (vii) Pendant que vous téléphonez on sonne à la porte (*were telephoning—rang*). (viii) Je ne sais pas ce qu'il fait (*didn't know—was doing*). (ix) Les enfants jouent dans ce jardin quand ils sont petits (*used to play—were*). (x) Je vais à cet endroit quand je suis à l'école (*used to go—was*).

6. Mettez les verbes à l'imparfait ou au conditionnel selon le sens (*according to the meaning*):

(i) Si j'(avoir) le temps j'(aller) en Amérique. (ii) Je (prendre) un taxi si j'en (trouver) un. (iii) Vous (être) étonné si vous (savoir) la vérité (*truth*). (iv) Que (faire)-vous si on vous (donner) tout cela ? (v) Nous n'(aimer) pas ce village s'il (faire) mauvais temps. (vi) Si elle (être) plus âgée elle (pouvoir) y aller seule. (vii) Les touristes (descendre) par l'escalier si l'ascenseur ne (marcher) pas. (viii) Si nous (tomber) nous nous (casser) le cou. (ix) Que (dire) nos amis si nous ne (revenir) pas. (x) Si je (comprendre) cette grammaire je ne (faire) pas de fautes.

7. Copiez ces phrases en mettant la deuxième partie de chaque phrase à sa place correcte. À présent les phrases sont ridicules.

(1) Si vous étiez malade

(*a*) nous pourrions entrer et demander le prix de la robe ?

(2) Roger ne croirait pas sa femme

(*b*) si vous étiez très riche ?

(3) Si tu tombais ici

(*c*) j'arriverais avant midi.

(4) Lucile serait fâchée

(*d*) elle dépenserait tout son argent.

(5) Si ce magasin était ouvert

(*e*) vous n'iriez pas au bureau.

(6) Vos amis seraient-ils contents

(7) Si je marchais vite

(8) Si Lucile achetait cette robe

(9) Où iriez-vous passer les vacances

(10) Si vous veniez avec moi

(f) si Roger la faisait attendre.

(g) nous pourrions causer ensemble.

(h) tu te blesserais sans doute.

(i) si vous leur offriez un dîner ?

(j) si elle disait qu'elle n'avait besoin de rien.

8. Traduisez :

(i) Could you tell me which bus route I ought to take for the Place de la Concorde? (ii) I should take the Underground. You will find it easier. (iii) I shall see the streets and the traffic if I take the bus. (iv) If I had enough money I should go everywhere in a taxi. (v) If the sun were shining the view would be beautiful. (vi) If we waited here we should meet them, shouldn't we? (vii) You would not lose your handkerchief if you put it in a pocket. (viii) If you spoke French all the time you would learn the language faster. (ix) If the tourists did not hurry they would not be able to see everything. (x) If you worked all day you would finish the book this evening.

9. Dictée

— J'aimerais beaucoup / faire une promenade / à la campagne / aujourd'hui. / Le temps est idéal. / Le soleil brille, / il n'y a pas de nuages. / Que ferons-nous ? / Allons-nous prendre l'autobus / ou le train / pour sortir de la ville ?

— Le train irait plus vite, / mais / il nous faudrait attendre. / En autobus / nous pourrions partir / tout de suite. /

10. Qu'est-ce que vous aimeriez voir à Paris ? Pourquoi ? Écrivez 5 ou 6 lignes.

DIX-HUITIÈME LEÇON

Paris la nuit

De retour au sol Roger et Lucile flânèrent sur les bords de la Seine regardant les bateaux qui passaient. Une péniche (équipée d'un moteur Diesel) remorquait quatre chalands chargés de charbon. Des nageurs plongeaient dans l'eau du haut d'un tremplin. Des jeunes gens faisaient une promenade en canot. Un bateau-mouche bondé de passagers remontait vers la Cité. On apercevait des pêcheurs acharnés qui ne semblaient jamais prendre de poisson. La pêche donne l'occasion de rester tranquille et de rêver tant qu'on veut en attendant le moment où le poisson mordra. L'occupation est agréable pour tout le monde mais il faut être adroit pour réussir, et on a besoin de beaucoup de patience.

Il faisait beau. Le soleil brillait. Il n'y avait pas de vent. Paris souriait. Tout avait l'air gai.

— Il faut profiter du temps que nous passons ici, dit Roger.

— Mais, est-ce que nous n'en profitons pas ? J'ai mal aux pieds d'avoir tant marché.

— Alors, ce soir faisons quelque chose de différent!

— Comment? À quoi penses-tu donc ? Qu'aimerais-tu faire ?

— Nous pourrions trouver une boîte de nuit.

— Mais tu ne connais pas bien Paris et ce n'est pas très amusant quand on n'est pas dans un groupe de joyeux compagnons.

— C'est vrai, que pourrait-on faire ?

— Nous pourrions peut-être profiter d'une de ces excursions «Paris by Night» (Paris la nuit) organisées pour les étrangers.

— C'est sûrement une escroquerie.

— Peut-être bien, mais on doit s'amuser et l'on sait d'avance combien on va payer, tandis que si on y va sans savoir...

— Non, laissons cela aux étrangers qui en ont peut-être besoin.

Je ne me vois pas au milieu de ce troupeau d'Anglais, d'Américains et d'Allemands. Qu'est-ce qu'ils espèrent voir ? Des danseuses plus ou moins déshabillées et du strip-tease. Ces gens-là ne comprennent rien à la beauté des décors ou à l'humour français.

— Je trouve que tu es un peu injuste. Tu exagères, tu sais. Je connais des Anglais et des Américains très cultivés. Tout de même il vaudrait mieux passer une soirée vraiment parisienne.

— Nous trouverons quelque chose à notre goût.

Mais le dîner terminé, Roger et Lucile décidèrent d'aller au cinéma. On donnait un film très amusant qui venait de sortir. La représentation commençait à neuf heures. Roger prit les billets à la caisse et ils entrèrent à neuf heures moins dix. Roger donna un pourboire à l'ouvreuse et ils s'installèrent dans des fauteuils plus ou moins confortables.

Le film racontait les aventures d'un naïf qui était venu habiter Paris sans pouvoir se défaire de ses préjugés de campagnard, pour qui tout Parisien était un escroc dont il fallait se méfier.

Ils sortirent à l'entr'acte pour fumer (car il est interdit de fumer dans les salles de spectacle en France) et pour boire quelque chose.

La séance se termina à minuit. Alors, trouvant un taxi, ils se rendirent au Moulin-Rouge pour voir le spectacle et pour danser un peu. C'était une bonne occasion pour boire une bouteille de champagne.

Un peu plus tard nos amis pénétrèrent dans une petite boîte de nuit où un chansonnier se moquait de tout. Il était difficile de comprendre tout ce qu'il disait. Pour bien suivre il faut être «à la page», c'est à dire au courant de tout ce qui se passe à Paris et de tous les commérages.

Fatigués mais contents, Roger et Lucile prirent le chemin de l'hôtel et rentrèrent vers trois heures et quart du matin.

— Je dormirai jusqu'à midi, dit Lucile en se couchant.

Roger a éteint la lumière.

Grammaire à apprendre

§ 56 et les verbes apercevoir, recevoir (§ 60).

Révision de §§ 52, 54.

Vocabulaire à apprendre

adroit, skilful
un Allemand, German
un Anglais, Englishman
apercevoir, to notice
le bateau (*plur.* les bateaux), boat
le bord, edge, bank (of river)
le charbon, coal
chargé, laden
le chemin, way
combien, how much, how many
le compagnon, companion
éteindre, to put out (light, fire)
gai, gay, bright
la lumière, light
le mal (*plur.* les maux), ache
minuit, midnight

mordre, to bite
nager, to swim
le nageur, swimmer
la nuit, night
la pêche, fishing
le pêcheur, fisherman
le poisson, fish
raconter, to tell (story)
recevoir, to receive
remonter, to go up
se rendre à, to go to
la représentation, performance
de retour, having returned
réussir, to succeed
rêver, to dream
terminer, to end
le troupeau (*plur.* les troupeaux), flock

Exercices

1. Répondez aux questions :

(i) Où Roger et Lucile se sont-ils promenés après leur visite à la Tour Eiffel ? (ii) Qu'est-ce qu'ils ont vu passer sur la Seine ? (iii) Quelles activités sportives pratiquait-on ? [*were people doing?*] (iv) Pourquoi peut-on dire que tout avait l'air gai ? (v) Qu'est-ce que

I

Lucile voulait faire pendant la soirée? (vi) Quel avantage y a-t-il à faire une excursion organisée pour les touristes? (vii) Quel inconvénient y trouvait Roger? (viii) Que pensait-il des touristes étrangers? (ix) Qu'est-ce que les Martin ont décidé de faire le soir? (x) Pourquoi sont-ils sortis pendant l'entr'acte? (xi) À quelle heure sont-ils allés au Moulin-Rouge? (xii) Qu'est-ce qu'ils ont entendu dans la boîte de nuit? (xiii) À quelle heure les Martin se sont-ils couchés? (xiv) Qu'est-ce qu'on boit (d'habitude) dans une boîte de nuit?

2. Mettez le verbe (a) au présent, (b) au passé composé, (c) au passé simple.

(i) Ce chien (mordre) les oiseaux (*birds*).
(ii) Je ne (mordre) pas mes doigts.
(iii) Tout à coup j'(apercevoir) mon ami.
(iv) Nous ne l'(apercevoir) pas.
(v) Il (nager) dans la Seine.
(vi) Nous (mordre) nos crayons.
(vii) Les poissons (mordre) bien.
(viii) Les agents de police (apercevoir) l'escroc.
(ix) Lucile (apercevoir) le bateau-mouche.
(x) (Recevoir)-elle beaucoup de cadeaux?

3. Mettez au passé simple:

(i) Les nageurs *ont plongé* dans l'eau.
(ii) Lucile *a souri*.
(iii) Nous *avons été* malades.
(iv) Roger *a regardé* les bateaux.
(v) *J'ai vendu* ma bicyclette.
(vi) Il *a fait* une promenade en canot.
(vii) Je me *suis amusé*.
(viii) Il *a pu* l'ouvrir.
(ix) Les touristes *ont marché* lentement.
(x) Lucile *a mis* ses gants.

4. Mettez Ex. 3 (a) au futur, (b) au conditionnel.

5. Écrivez au passé en employant le passé simple excepté pour le discours direct (*Write in the past using the past historic except for the direct speech, which should go into the perfect (passé composé)*):

Roger (entrer) dans le restaurant avec Lucile et (regarder) autour de lui; un garçon (s'approcher).

— Monsieur? (demander)-t-il.

— Une table pour deux, (répondre) Roger.

— Bien, monsieur.

— Oh, (dire) Lucile, je (laisser) mes gants dans le magasin.

— Eh bien, je vais les chercher. Où les (mettre)-tu?

— Je les (poser) sur le comptoir à droite en entrant.

Roger (aller) au magasin et (demander) à la vendeuse:

— (Voir)-vous des gants oubliés par une cliente?

— Oui, monsieur, je (trouve) cette paire-ci.

— Merci infiniment, mademoiselle. Ce sont sûrement ceux de ma femme.

Roger les (apporter) au restaurant où Lucile l'attendait. Il les lui (donner). Malheureusement ce n'étaient pas les siens!

6. Copiez en employant le passé simple ou l'imparfait (selon le sens):

Un jeune pêcheur qui s'*appelle* Rémy, et qui *a* seize ans, *décide* de passer la journée au bord de la Seine. Il *fait* beau, on ne *voit* pas de nuages. Il s'*installe* sur la rive et *regarde* la rivière. Tout *est* tranquille, si tranquille en effet qu'il s'*endort*. Il *dort* profondément quand il *sent* une secousse (*jerk*). Il *tire* fort mais le poisson *est* très gros. Il ne *peut* pas le tenir, mais il ne *veut* pas le perdre. Enfin le gros poisson *fait* un effort immense et Rémy *tombe* dans l'eau. Il *sait* nager mais il *déteste* l'eau froide. Le poisson s'*échappe*.

7. *Jeu de Patience* (*Jigsaw puzzle*).

(*These phrases are in the wrong order. Written in the correct order they make a 'story'.*)

Eh bien, restons à la maison — me dit — Je te répète, ce m'est égal — ou les cowboys au Palais — Eh bien, pour moi aussi, ce m'est égal — Allons au cinéma — répondis-je, mais quel film — les films d'horreur me font horreur — mais avant de sortir il faut décider où on veut aller — mercredi soir un de mes amis — non, pas de gangsters — veux-tu voir? — je déteste les cowboys — oui, je veux bien — oh ça m'est égal, mais je veux sortir et aller quelque part — tu ne peux pas proposer un bon film? — ou bien les gangsters au Roxy — alors, le film d'horreur au Pathé.

8. Traduisez:

(i) We looked at the swimmers who were diving into the cold river. (ii) I should like to take a small boat. Will you come with me? (iii) We might go to a cinema or a theatre. It's not too late. (iv) I went to bed after midnight five times during the week and I am not tired. (v) You did not work the next day. If you went to the office at eight o'clock in the morning you would not go out each evening. (vi) Would you like to go to a night club? Yes, if it's not too dear. (vii) Those fishermen never catch any fish. Why do they spend their days in this way? (viii) They like to do nothing. If they were at home they would be occupied. (ix) If we were all able to sit peacefully by the river we should be happier. (x) Let's try and get tickets for the show at the Folies-Bergère. They say the dresses are wonderful.

9. Dictée

— Faisons quelque chose / de différent ce soir, / dit Monsieur Dupont. /

— À quoi pensez-vous? / Qu'aimeriez-vous faire? / demanda son ami. /

— Nous pourrions trouver / une boîte de nuit. /

— Mais / nous ne connaissons pas bien Paris / et ce n'est pas / très_amusant / quand_on n'est pas / dans_un groupe. /

— Allons donc / au cinéma! /

10. Composition

Ou (*Either*): Un pêcheur explique pourquoi il aime la pêche;
ou (*or*): Racontez en quelques lignes l'action d'un film que vous
    avez vu.

DIX-NEUVIÈME LEÇON

Au théâtre

Le lendemain nos deux amis ne firent pas grand-chose. Levés tard, ils flânèrent un peu dans les rues en regardant les vitrines. Puis après le déjeuner ils s'installèrent à la terrasse d'un café et Roger commanda deux cafés-filtres. Or le café-filtre est une invention absurde. L'eau bouillante passe si lentement dans la tasse que le breuvage qu'on obtient à la fin est froid et sans saveur. Impatient, le consommateur est quelquefois assez imprudent pour soulever le filtre, quitte à[1] se brûler les doigts.

Mais ce n'était pas exclusivement pour le plaisir de boire une tasse de café que nos amis s'y étaient installés. Ils voulaient écrire des lettres. Ils y passèrent une bonne partie de l'après-midi.

Puis Roger alla acheter des timbres-poste à un bureau de tabac. (On n'a pas besoin d'aller au bureau de poste pour acheter des timbres.) Il posta des lettres dans une de ces petites boîtes aux lettres bleues qui sont accrochées aux murs. (Comment se fait-il qu'en Angleterre on a besoin d'énormes boîtes rouges cylindriques, tandis qu'en France les boîtes sont si petites ? Les Français écrivent-ils moins de lettres que les Anglais, ou les boîtes anglaises sont-elles toujours à moitié vides ?)

Les lettres expédiées, Roger consulta la liste des spectacles et décida de louer des places de théâtre. Il prit des «corbeilles» bien placées. On jouait une pièce moderne avec très peu d'artistes (cinq en tout) où il s'agissait d'un mari, de sa femme, de l'amant de celle-ci et de la «petite amie» du mari. Le cinquième personnage, c'était la femme de ménage. Histoire amusante et dramatique mais un peu usée.

Lucile admira le foyer magnifique, bien plus luxueux que celui

[1] *quite expecting to*

du petit théâtre municipal de chez eux. Ils achetèrent un programme assez cher, qui donnait très peu de détails, et Roger donna le pourboire habituel à l'ouvreuse.

— Pourquoi achetons-nous ces programmes? demanda Lucile.

— C'est pour avoir un souvenir du visage des artistes, sans doute.

— Un souvenir! Mais on les jette une fois rentré chez soi.

— C'est vrai. Mais on a l'air d'être avare si l'on n'en achète pas. Quand je vais au théâtre j'aime autant «faire figure» d'homme riche. Je me sens flatté et l'ouvreuse m'adresse un sourire aimable. C'est idiot, je le sais bien. Mais je me sens plus à l'aise et plus important ainsi.

À l'entr'acte ils sortirent et allèrent au foyer fumer une cigarette.

— Ah! Mais...? s'exclama Roger. Regarde, ma chérie. Ce sont les Derval! Quelle chance! Allons leur parler. Nous avons juste le temps.

C'était en effet les Derval, leurs amis qui, eux aussi, passaient huit jours dans la capitale. Ils n'eurent pas beaucoup de temps pour bavarder car la sonnerie retentit et il leur fallut regagner leurs places.

Mais après la représentation les deux ménages se rencontrèrent et ne tardèrent pas à s'asseoir dans un café pour causer et faire des projets de sortie ensemble.

Monsieur Derval dit qu'il avait été malade. Le médecin lui avait dit qu'il devrait prendre des vacances au bord de la mer ou à la montagne.

— Mais vous êtes à Paris! Ce n'est ni l'un ni l'autre!

— Ah, cette visite à Paris, c'est pour changer un peu.

Le lendemain soir les Martin et les Derval ont décidé d'aller tous les quatre faire une excursion nocturne avec dîner sur la Seine sur un des magnifiques bateaux-mouches...

Quant à nous il nous faut leur dire au revoir. Notre reportage est terminé.

Un conseil au lecteur. En faisant vos projets de vacances, songez qu'on s'amuse bien à Paris et que ce n'est pas tellement loin.

Il faut une heure de vol pour y aller de Londres en avion. Le printemps est peut-être la meilleure saison pour le visiter. En été

il fait un peu trop chaud et puis il y a trop de touristes. En hiver il fait plutôt froid mais les gens aiment flâner dans les rues le soir pour admirer les vitrines illuminées. En automne vous rentrez probablement de vacances.

Grammaire à apprendre

§ 57.
Révision du passé simple, du passé composé, de l'imparfait.

Vocabulaire à apprendre

l'automne (*masc.*), autumn;
  en automne, in autumn
un avion, aeroplane
  brûler, to burn
le bureau de tabac,
  tobacconist's
l'été (*masc.*), summer; en été,
  in summer
  habituel, usual
une histoire, story, history
l'hiver (*masc.*), winter; en
  hiver, in winter
  jeter, to throw (away)
le ménage, husband and wife
à moitié, half (*e.g.* half full)
la partie, part

la pièce, play (at a theatre)
  poster, to post
le printemps, spring; au
  printemps, in spring
le projet, plan (of action)
la saison, season
  tarder à, to take a long time to
    (*usually negative*)
  tellement, so (much)
le timbre-poste (*plur.* timbres-
  poste), postage stamp
  user, to wear out
  vide, empty
le visage, face
le vol, flight

Exercices

1. Répondez aux questions:

(i) Où les Martin se sont-ils installés pour écrire des lettres? (ii) Où Roger a-t-il acheté ses timbres? (iii) De quelle couleur sont les boîtes aux lettres en France? (iv) À part (*apart from*) la couleur quelle différence y a-t-il entre les boîtes aux lettres françaises et celles qu'on trouve en Angleterre? (v) Comment les Martin ont-ils passé la soirée? (vi) Pourquoi achetez-vous un programme au théâtre? (vii) Quelle bonne surprise attendait les Martin pendant l'entr'acte? (viii) Où étaient-ils pendant l'entr'acte? (ix) Qu'ont-ils fait après avoir quitté le théâtre? (x) Comment allaient-ils passer la soirée suivante? (xi) Pourquoi un séjour à Paris est-il fatigant? (xii) Par quels moyens de transport peut-on aller de Londres à Paris?

2. Mettez la forme correcte du verbe (*a*) au présent, (*b*) au passé composé, (*c*) au futur, (*d*) à l'imparfait:

(i) L'eau (bouillir) mais (paraître) sale. (ii) Nous n'(obtenir) pas ce que nous (vouloir). (iii) (Écrire) nous souvent aux gens que nous (connaître)? (iv) Ils ne (faire) pas grand-chose et ils ne (aller) jamais à Paris. (v) Je (prendre) ma place et je (lire) le programme.

3. A. Mettez au passé simple:

(i) Il a acheté des timbres. (ii) J'ai loué des places. (iii) Il est resté chez lui. (iv) Elles sont arrivées hier. (v) Nous avons été enchantés.

B. Mettez à l'imparfait:

(vi) Que faites-vous? (vii) Nous mangeons très tard. (viii) Nous commençons à avoir froid. (ix) Nous sommes inquiets. (x) Je finis ma lettre.

4. Écrivez au passé, en employant le passé simple, l'imparfait ou le passé composé selon le sens:

Mon père *a* une auto qui *devient* vieille. Il *va* la vendre et en acheter une neuve. Les pneus *sont* un peu usés mais pas vraiment dangereux. Un dimanche nous *faisons* une excursion dans la vallée du Rhône. Soudain un pneu *crève*.

— Zut! *dit* mon père, je n'*ai* pas de chance. Je *mets* le cric (*jack*) sous tous nos bagages parce que jusqu'ici je ne m'en *sers* pas.

Il *change* la roue et au garage le plus proche *fait* réparer le pneu. Quelques kilomètres plus loin le même incident se *produit*.

— Je ne sais pas pourquoi je *garde* cette voiture si longtemps, *dit*-il.

Pendant qu'il *dévisse* (*unscrews*) les écrous (*nuts*) et *soulève* la voiture au moyen du cric nous autres *visitons* une église de village. Vers une heure nous nous *arrêtons* pour déjeuner dans un restaurant. Quand nous *sortons* nous *trouvons* de nouveau un pneu crevé. Nous n'*avons* qu'un seul pneu solide.

(*L'histoire est vraie*)

5. Répondez en employant un pronom pour remplacer le mot imprimé en italique (J'interroge Monsieur Martin. Vous êtes M. Martin):

(i) Êtes-vous allé *au théâtre*? (ii) Avez-vous aimé *la pièce*? (iii) Où avez-vous acheté *des timbres-poste*? (iv) Où postez-vous *les lettres*? (v) Buvez-vous *le café*? (vi) Parlez-vous *à vos amis*? (vii) Donnez-vous quelquefois un cadeau *à votre femme*? (viii) Aime-t-elle *le théâtre*? (ix) Sortez-vous quelquefois avec *vos amis*? (x) Aimez-vous vous installer *à la terrasse d'un café*?

6. Écrivez le contraire:

(i) Je me suis levé *tard*.   (vi) La boîte est *pleine*.
(ii) La lettre est *légère*.   (vii) L'eau coule *lentement*.
(iii) Ils travaillent *mal*.   (viii) Cette route est *large*.
(iv) Elle est *sortie de* la maison.   (ix) Je *monte* l'escalier.
(v) Ils ont *fermé* la fenêtre. (x) Il fait très *chaud* ici.

7. Copiez ces phrases en mettant la deuxième partie de chaque phrase à sa place correcte. À présent les phrases sont ridicules.

(1) Je vais parquer ma voiture   (*a*) qui est très sale?
(2) Il a téléphoné à la gare   (*b*) parce qu'il n'y avait pas de place.
(3) Nous allons souvent à Paris   (*c*) mais je n'avais pas assez d'argent.
(4) Le taxi est arrivé en retard (*d*) pour prendre quelques petits poissons.
(5) Voulez-vous changer ce verre (*e*) parce qu'il était très fatigué.
(6) Si vous achetez tout ce que vous voulez
(7) Ils sont restés debout   (*f*) pour savoir l'heure du train.
(8) Je voulais acheter une auto   (*g*) que je lui ai données.
                                  (*h*) que nous avons vu hier?

(9) Quand vous arriverez à l'hôtel

(10) Il a oublié de poster les lettres

(11) Les pêcheurs attendent longtemps

(12) Il a jeté ses vêtements par terre

(13) Où avez-vous mis les clefs

(14) Que pensez-vous du film

(15) Si nous tournons à gauche

(16) Tu vas attirer les regards des passants

(17) Je dois me dépêcher

(18) L'employé est fâché

(19) Nous entendrons très peu de bruit

(20) Je vous invite à venir

(i) qui étaient sur la table?

(j) nous arriverons à notre garage.

(k) près de la gare.

(l) ou le train partira sans moi.

(m) parce qu'il y avait trop de voitures dans la rue.

(n) quand nous traversons la voie.

(o) avec moi au théâtre.

(p) parce que c'est une ville agréable.

(q) car la chambre donne sur la cour.

(r) si tu mets ce chapeau.

(s) vous pourrez leur télé-phoner.

(t) vous n'aurez plus d'argent.

8. Traduisez:

(i) We got up late and spent the morning in the gardens, which were full of beautiful flowers. (ii) If I had the time I should go to the theatre at least once a week. (iii) You would not always see good plays and you would spend a lot of money. (iv) While we were buying the tickets some people came and spoke to us. They were friends who were staying in Paris.[1] (v) Where have you decided to go this evening? I don't know yet. I shall probably do nothing. (vi) Have you ever ordered a café-filtre? If you do so[2] you will need plenty of patience. (vii) During the interval we always used to go out and walk (about) in the foyer, talking about the play. (viii) The play was very good. It was about a man who thought he was useless but who became a hero. (ix) I must say goodbye to you now. My

---

[1] to stay = séjourner.   [2] 'do it'.

aeroplane is here and the loudspeaker is going to call me. (x) When you make your plans for holidays don't forget that Paris is quite near.

9. Dictée

Roger alla / acheter des timbres-poste / à un bureau de tabac. / (On n'a pas besoin / d'aller au bureau de poste / pour cela.) / Il posta les lettres / dans_une de ces petites boîtes aux lettres bleues / qui sont_accrochées aux murs. /

(Comment se fait-il / qu'en Angleterre / on a besoin d'énormes boîtes / tandis qu'en France / elles sont si petites?) /

10. Composition

Lucile (Madame Martin) raconte à une amie la visite au théâtre.

Simples dialogues

I

ELLE: Bonjour, Raoul!
LUI: Bonjour, Colette!
ELLE: Ça va?
LUI: Très bien, merci, et vous?
ELLE: Oh, moi, je vais très bien, merci.
LUI: Allez-vous au cours de littérature?
ELLE: Oh, oui, j'y vais.
LUI: Y allez-vous par l'autobus ou par le Métro?
ELLE: Allons-y par le Métro. Nous allons parler un peu.
LUI: D'accord.
(*Et maintenant ils vont descendre les marches du Métro*)

II

ELLE (*au guichet du Métro*): Un carnet (seconde), s'il vous plaît.
(*Lui a un billet de Métro dans sa poche*)
(*Ils passent dans le couloir et le contrôleur poinçonne les billets*)
LUI: Ça y est! Le portillon est fermé. (*Ils attendent*)
ELLE: Avez-vous vu le dernier film de Fredellier?
LUI: Non, je suis trop occupé pour aller au cinéma.
ELLE: Pourquoi? Vous travaillez vraiment?
LUI: Oui, je commence à penser aux examens, pas vous? Mais avez-vous des projets pour dimanche?
ELLE: Non, car nous avons des invités.
LUI: C'est dommage! Nous aurions pu sortir ensemble.
ELLE: Une autre fois peut-être.

III

(*Raoul Duval et Mademoiselle Colette Lenoir passent sur le quai*)
LUI: Asseyons-nous, en attendant l'arrivée du train.

ELLE: Quelle foule! Et nous n'avons pas des billets de première.
LUI: Tant pis! Tentons notre chance! Montons en première!
ELLE: Si vous voulez.

(*Le train arrive. Ils montent en première. À la station suivante le contrôleur arrive*)

LE CONTRÔLEUR: Vos billets, s'il vous plaît, messieurs-dames. Ah! Mademoiselle n'a pas de billet de première. Et vous monsieur non plus! Savez-vous que c'est contraire au règlement?
LUI: Nous allons vous payer le supplément.
LE CONTRÔLEUR: Pour cette fois, oui. Mais ne recommencez pas!
ELLE: Nous voilà arrivés!

(*Ils ouvrent les portières et descendent du train. Puis ils montent l'escalier et se dirigent vers la sortie*)

LUI: Ouf! Enfin un peu de fraîcheur!

IV
(*Raoul Duval et Colette Lenoir arrivent dans la rue*)

UN PASSANT: Pardon, monsieur, savez-vous où est la rue Colbert?
LUI: Oui, attendez, monsieur! Tournez à gauche ici. Suivez cette rue-là jusqu'à l'église. Puis tournez à gauche. C'est la troisième rue à gauche et votre rue est à gauche.
LE PASSANT: Merci bien, monsieur.
LUI: De rien, monsieur, c'est avec plaisir.
ELLE: Voulez-vous répéter cela?
LUI: Pourquoi? C'est juste, n'est-ce pas?
ELLE: Non, c'est à droite de l'église!
LUI (*crie*): Monsieur! Monsieur! Il y a erreur. À l'église vous tournez à droite, pas à gauche, c'est la troisième rue à droite, celle que vous voulez.
LE PASSANT: Merci bien, monsieur.
LUI: Il faut remercier mademoiselle.
LE PASSANT: Merci bien, mademoiselle.
ELLE: De rien, monsieur.

V

(Raoul et Colette regardent les vitrines en passant dans la rue)

COLETTE: Quelle belle robe! C'est magnifique, n'est-ce pas?

RAOUL: Qu'est-ce que c'est?

COLETTE: Ne voyez-vous pas que c'est une robe de mariée?

RAOUL: Vous avez l'intention d'acheter une robe de mariée?

COLETTE: Il ne s'agit pas de l'acheter! Il s'agit de l'admirer. Mais qui sait? Un jour peut-être.

RAOUL: Vous voudriez donc vous marier?

COLETTE: Pourquoi pas?

RAOUL: Il faut trouver un mari. Mais tu n'es pas pressée, je pense. Oh pardon, Colette, je veux dire «vous».

COLETTE: Oh, nous sommes camarades. Tu peux me tutoyer si tu veux.

RAOUL: Merci, Colette. Ça c'est gentil. Ah, regarde cette belle Vespa! Voilà ce que j'aimerais.

COLETTE: Pourquoi veux-tu un scooter?

RAOUL: Pour faire des balades.

COLETTE: Que penserais-tu d'une auto d'occasion? C'est à peu près le même prix.

RAOUL: Non, de toute façon je n'ai l'intention de m'en servir que pendant l'été. Du reste si j'ai une auto je suis obligé de prendre une assurance beaucoup plus importante que pour un scooter et puis il faudrait la garer quelque part. Et il y a la question du parking et la consommation d'essence!

COLETTE: Mais avec une voiture on peut partir à plusieurs et partager les frais. Et ne veux-tu jamais prendre une compagne?

RAOUL: Ça c'est à voir! Mais de toute façon je ne suis pas con-damné à la solitude. Il y a un siège-arrière sur le scooter.

COLETTE: J'espère que tu ne vas pas oublier d'acheter un casque de protection avec ton scooter.

RAOUL: Oui, tu as raison. Sinon c'est vraiment trop dangereux. Mais je perds mon temps. Je n'ai pas encore économisé l'argent.

COLETTE: On paie par mensualités.
RAOUL: Franchement je n'aime pas beaucoup ce système. Ça engage trop l'avenir.

(*Ils se rendent à la conférence*)

VI

(*Après la conférence voilà Raoul et Colette de nouveau dans la rue*)

RAOUL: Quelle chaleur dans cet amphithéâtre! Tu n'as pas soif?
COLETTE: Si, je meurs de soif.[1] Si nous allions boire un pot[2] chez Dupont?

(*Ils s'installent à la terrasse d'un café*)

RAOUL: Que prends-tu, Colette?
COLETTE: Pour moi un jus de fruits.
LE GARÇON: Monsieur désire?
RAOUL: Pour mademoiselle un jus de fruits et...
LE GARÇON: Que voulez-vous? orange, pamplemousse, ananas, raisin, tomate?
COLETTE: Ananas, s'il vous plaît.
RAOUL: Et pour moi un bock.

(*Le garçon s'en va chercher les consommations*)

RAOUL: Pourquoi as-tu l'air si absorbé?
COLETTE: Je me demande si cette personne au chapeau vert n'est pas Madame Douvine, l'amie de ma mère. Mais que fait-elle au Quartier Latin? Elle a l'air d'être seule. J'aimerais autant qu'elle ne me voie pas.[3]
RAOUL: Pourquoi? Elle va donc raconter que tu es sortie avec moi?
COLETTE: Non, non, non. Nous ne sommes plus au dix-neuvième siècle! C'est qu'elle est bavarde comme tout. Et une fois qu'elle s'attache à vous, impossible de se sauver. On ne s'échappe plus.

(*À ce moment la dame en question se lève, règle son addition et avant de sortir, adresse un sourire amical à la jeune fille.*)

[1] *I'm dying of thirst.*   [2] *have a drink.*   [3] *I'd rather she didn't see me.*

RAOUL: Eh bien. De quoi te plains-tu?

COLETTE: Mais c'est inouï! Qu'est-ce qu'elle a? Il faut bien qu'elle soit vraiment pressée[4] pour sortir comme ça! Elle n'a sûrement pas l'intention d'aller au bureau s'inscrire comme étudiante?

[4] *She must be in a terrible hurry.*

K

GRAMMAR

1. **Voici, voilà** are words used to accompany a gesture of pointing to a thing or things.

    Voici (*here is*, *here are*) is used for things near to the speaker.

    Voilà (*there is*, *there are*) is used for things further away.

    Voici un mouchoir.   Voilà un avion.

2. All French nouns have a GENDER, and should be learned *with* an article so that the gender will be obvious.

3. The DEFINITE ARTICLE ('THE') is **le** (*masculine*) and **la** (*feminine*):

    le crayon   but   *la* poche

    When the noun begins with a *vowel* or *silent* **h**, the **le** or **la** is shortened to **l'**:

    l'étudiant   l'allumette

    The plural is always **les**:

    les crayons, les poches, les étudiants

    (NOTE that liaison must be made in this last case, *i.e.* the pronunciation is '*lé zétudian*', the preceding ones being '*lé créion*', '*lé poche*'.)

4. The INDEFINITE ARTICLE ('A') is **un** (*masculine*) and **une** (*feminine*). For plural see § 10.

5. SUBJECT PRONOUNS:

je (I)	nous (we)
tu* (you)	vous (you)
il (he *or* it)	ils (they)
elle (she *or* it)	elles (they)

    * *to a friend only.*

6. The verb **être** (*to be*). PRESENT TENSE:

je **suis**	nous **sommes**
tu **es**	vous **êtes**

il est   ils sont
(elle est)   (elles sont)

7. THE INTERROGATIVE

Questions are formed by reversing the position of the verb and the subject pronoun, and inserting a hyphen:

Je suis (I am)   *Suis-je? (Am I?)*
C'est (it is)   *Est-ce? (Is it?)*

NOTE.—*This* **ce** *is a special pronoun used when the 'it' is too vague to be specified.* Compare:

Où est l'allumette?   (Where is the match?)
Elle est dans la boîte   (It is in the box)

Here we know that the 'it' refers to the match (*feminine*), but in

Qu'est-ce que ceci?   (What is this?)
C'est un mouchoir   (It is a handkerchief)

we don't know to what the 'it' refers until we reach the word **mouchoir**. We therefore use the vague form **ce**.

8. ADJECTIVES change their spelling to agree with the nouns which they qualify, adding **e** for the feminine and **s** for the plural:

le grand verre   but **la** *grande* **bouteille**
les grands verres   but **les** *grandes* **bouteilles**

9. Most adjectives are placed *after* the noun:

Une bouteille verte (a green bottle)
Une allumette française (a French match)
Du vin rouge (red wine)

10. The PARTITIVE ARTICLE expresses a quantity and must not be omitted:

du vin (wine)   **du lait** (milk)
de la bière (beer)   **de la glace** (ice)
de l'eau (water)   **de l'encre** (ink)
des cigarettes (cigarettes)   **des amis** (friends)

11. Expressions of quantity are followed by **de**:

Beaucoup de poches, many pockets, a lot of pockets
Trop de vin, too much wine

This also applies to *negative* quantity:

Pas de vin, no wine

12. The impersonal expression **Il y a** has the meaning *There is* or *There are*:

Dans la bouteille *il y a* du vin (there is wine)
Dans le paquet *il y a* des cigarettes (there are cigarettes)

The interrogative (question) form is **Y a-t-il?** (*Is there?*), and **Qu'y a-t-il?** means *What is there?*

13. INTERROGATIVES

When the question concerns a noun, not a pronoun, the noun is put first, before the question begins:

La bouteille *est-elle* grande?	Is the bottle large?
Le vin *est-il* rouge?	Is the wine red?

Another easy (but less common) way of asking these questions would be:

Est-ce que la bouteille est grande?
Est-ce que le vin est rouge?

14. The verb **avoir** (*to have*). PRESENT TENSE

j'ai (I have)	nous avons
tu as	vous avez
il a	ils ont
(elle a)	(elles ont)

INTERROGATIVE: **ai-je? as-tu?** *a-t-il? a-t-elle?*
                   avons-nous? avez-vous? ont-ils? ont-elles?

Notice the extra **t** in the 3rd person singular interrogative.

15. REGULAR VERBS. Most French verbs conjugate as follows in the present tense:

regarder, to look at

je **regarde** (I look (at))	nous **regardons**
tu **regardes**	vous **regardez**
il **regarde**	ils **regardent**
(elle **regarde**)	(elles **regardent**)

Notice the endings: **-e, -es, -e, -ons, -ez, -ent.** In the 3rd person plural the -nt is not pronounced. Thus the pronunciation of the tense endings is: e, e, e, on, é, e. The INTERROGATIVE FORMS are:

est-ce que je regarde?*	regardons-nous?
regardes-tu?	regardez-vous?
regarde-t-il?	regardent-ils?
(regarde-t-elle?)	(regardent-elles?)

* This form is used to avoid the awkward **Regardé-je?** (which needs the é to make it pronounceable).

16. NEGATIVE CONJUGATION

Two words (usually **ne** and **pas**) are needed to form the negative.

je *ne* regarde *pas* (*I don't look* or *I'm not looking*)	nous *ne* regardons *pas*
tu *ne* regardes *pas*	vous *ne* regardez *pas*
il *ne* regarde *pas*	ils *ne* regardent *pas*
je *n'ai pas* (*I have not*)	nous *n'avons pas*
tu *n'as pas*	vous *n'avez pas*
il *n'a pas*	ils *n'ont pas*

17. INTERROGATIVE NEGATIVE

est-ce que je *ne* regarde *pas*?   *ne* regardons-nous *pas*?
(*Am I not looking?* or *Don't I look?*)

ne regardes-tu *pas*?	*ne* regardez-vous *pas*?
ne regarde-t-il *pas*?	*ne* regardent-ils *pas*?

18. IMPERATIVE (*Commands*)

The usual imperative is the form ending in -ez:

Regardez! (*Look!*)   **Mangez!** (*Eat!*)   **Goûtez!** (*Taste!*)

but when talking to a close friend or an animal, a shorter form is used:

Regarde!   **Mange!**   **Goûte!**

The French also have a way of saying in one word: 'Let's *do* something!' *i.e.* a suggestion for the group:

Regardons! (*Let's look!*)   **Mangeons!** (*Let's eat!*)
Goûtons! (*Let's taste!*)

The negative imperative is formed in the same way as other negatives:

Ne regardez *pas*! (*Don't look!*)
Ne mange *pas* le crayon! (*Don't eat the pencil!*)
Ne goûtons *pas* le vin! (*Don't let's taste the wine!*)

19. Verbs ending in -ger, *e.g.* manger (*to eat*), add an **e** in the 1st person plural:

nous mang*eons*

in order to soften the g. (Thus also **changer, arranger,** etc.)

20. CONTRACTED FORMS with the preposition à (*to* or *at*):
Je vais *à* **Paris** (I go *to* Paris)
Je suis *à* **Paris** (I am *in* Paris)
(à generally translates 'in' with the name of a town)
Il va *à* la cantine (He goes *to* the canteen)
Il est *à* la maison (He is *at* home OR *at* the house)
Je parle *à* l'étudiant (I speak *to* the student)
Je vais *au* bureau (I go *to* the office)
(au is the contracted form of à + le)
Elle est *au* bureau (She is *at* the office)
Il va *aux* bureaux (He goes *to* the offices)
(aux is the contracted form of à + les)

21. THE INFINITIVE

Verbs are usually referred to by their INFINITIVE, that is the part of the verb used without a pronoun, with the meaning '*to* go', '*to* look', etc.
Most, but not by any means all, infinitives end in **-er.** Other endings are **-ir, -re, -oir.**
The infinitive is always the part of the verb given in a dictionary.
The verbs **aller, pouvoir, vouloir** are often followed by an infinitive with meanings as follow:

je vais essayer, I am going to try
il peut demander, he can ask
elle veut regarder, she wants to look

The infinitive is also used after prepositions and prepositional phrases:

avant de continuer, before continuing
sans regarder, without looking

22. DEMONSTRATIVE ADJECTIVE. **Ce,** *this, that.*

	Masc.	*Fem.*	*Masc. before a vowel*	*Plural*
	ce	cette	cet	ces

Examples:

ce pont	cette ville	cet endroit	ces rues
		cet homme	

23. THE ADJECTIVE **quel** (*which* or *what*).

	Masculine	*Feminine*
Singular:	*Quel* âge?	*Quelle* heure?
	(*What* age?)	(*What* time?)
Plural:	*Quels* souliers!	*Quelles* idées?
	(*What* shoes!)	(*What* ideas?)

REMARQUEZ:

De *quelle* couleur est la veste? Elle est verte
(*What* colour is the jacket? It is green)

Quel âge avez-vous? J'ai vingt ans
(How old are you? I am twenty)
(*Literally: What age have you?* *I have twenty years*)

Quel âge a-t-il? Il a dix-huit ans
(How old is he? He is eighteen)

24. POSSESSIVE ADJECTIVES

Singular		Plural	
Masculine	*Feminine*		
mon	ma	mes	(my)
ton	ta	tes	(your)
son	sa	ses	(his, her, its)
notre	notre	nos	(our)
votre	votre	vos	(your)
leur	leur	leurs	(their)

Possessive adjectives agree with the noun they qualify, *i.e.* with the noun that follows them, *not* with the subject.

THUS: *son* **mari,** *her* husband, *sa* **femme,** *his* wife
  son **village,** *his* village OR *her* village
  sa **ville,** *his* town OR *her* town
  ses **vêtements,** *his* clothes OR *her* clothes

25. ADVERBS are placed immediately *after* the verb in French:

Je trouve *facilement* **le garage,** I easily find the garage

Adverbs are invariable (*i.e.* they never change their spelling), and most of them are formed by adding -ment to the feminine form of the adjective.

26. PERSONAL OBJECT PRONOUNS

In the sentence

  Elle trouve son chapeau et elle *le* **regarde**
  (She finds her hat and she looks at *it*)

le (*it*) is placed before the verb. This is the position for object pronouns, except in the case of imperatives (commands).

TABLE OF PRONOUNS

Subject	*Direct Object*	*Used without a verb*[1]
je	me	moi
tu	te	toi
il	le	lui
nous	nous	nous
vous	vous	vous
ils	les	eux

Examples:

  Le chocolat est bon. Je *le* **mange.**
  La pomme est pourrie (*rotten*). **Je ne** *la* **mange pas.**
  Voici ses livres. *Les* **aimez-vous? Non, je ne** *les* **aime pas.**
  Je vais *vous* **présenter à ma femme.** (*I'm going to introduce you to my wife.*)

[1] (*See* § 34).

Nous voulons *le* regarder. (*We want to look at it.*)
Nous ne pouvons pas *le* supporter. (*We can't stand it.*)

If the verb is in the IMPERATIVE (giving a command), the verb comes *first*.

Regardez-*les*! (*Look at them!*)   **Goûtez-*le*!** (*Taste it!*)
Cherchons-*la*! (*Let's look for her!*)

but this does not apply to negative imperatives, *e.g.*

Ne *les* regardez pas!   Ne *le* goûtez pas!   Ne *la* cherchons pas!

NOTE ALSO:

le voilà! (*Here it is!*)   *me* voici! (*Here I am*), etc.

27. Other pronouns that belong to this list and precede the verb are:
   lui, *to him* or *to her*
   leur, *to them*
   y, *there*
   en, *of it*, *of them* or *from it*, *from them*, *some*

Examples:

Elle lui montre la robe, *She shows the dress to him* (or *to her*), or *She shows him* (or *her*) *the dress.*
Il *leur* donne du café, *He gives them some coffee.*
Va-t-elle quelquefois à Paris? Oui, elle *y* va souvent.
Does she sometimes go to Paris? Yes, she often goes there.
Combien de frères avez-vous? J'en ai deux.
How many brothers have you? I have two (of them).
***En* a-t-il?** *Has he some (or any)?*
Oui, il *en* a. *Yes, he has some.*

28. REFLEXIVE VERBS

The verb 'I wash myself' is called a reflexive verb, because the action affects the doer of the action—it reflects back on to the subject.

PRESENT TENSE OF se laver (*to wash oneself*)

je *me* lave, *I wash myself*	nous *nous* lavons, *we wash ourselves*
tu *te* laves	vous *vous* lavez
il *se* lave	ils *se* lavent
(elle *se* lave)	(elles *se* lavent)

Notice that the reflexive pronoun goes *before* the verb.

THE NEGATIVE OF REFLEXIVE VERBS

je ne *me* lave pas   nous ne *nous* lavons pas
tu ne *te* laves pas   vous ne *vous* lavez pas
il ne *se* lave pas   ils ne *se* lavent pas

Notice that the ne separates the two pronouns.

THE INTERROGATIVE OF REFLEXIVE VERBS

est-ce que je *me* lave?   *nous* lavons-nous?
         te laves-tu?   *vous* lavez-vous?
         se lave-t-il?   *se* lavent-ils?
         se lave-t-elle?   *se* lavent-elles?

Notice that the reflexive pronoun remains *before* the verb.

THE INTERROGATIVE NEGATIVE will hardly ever be needed, but the form is

ne *se* lave-t-il pas?   Doesn't he wash?

THE IMPERATIVE (*command form*) OF REFLEXIVE VERBS

Lavez-*vous*!   Wash yourself!

The two other forms are:

Lave-*toi*!   (*to a close friend*)
Lavons-*nous*!   Let's wash ourselves!

THE NEGATIVE IMPERATIVE is

Ne *vous* lavez pas!
Ne *te* lave pas!   }Don't wash!
Ne *nous* lavons pas!   Let's not wash!

29. CARDINAL NUMBERS (**Combien?** *How many?*)

1 un, une	12 douze
2 deux	13 treize
3 trois	14 quatorze
4 quatre	15 quinze
5 cinq	16 seize
6 six	17 dix-sept
7 sept	18 dix-huit
8 huit	19 dix-neuf
9 neuf	20 vingt
10 dix	21 vingt et un
11 onze	22 vingt-deux

23	vingt-trois, etc.	81	quatre-vingt-un
30	trente	82	quatre-vingt-deux,
31	trente et un		etc.
32	trente-deux, etc.	90	quatre-vingt-dix
40	quarante	91	quatre-vingt-onze
41	quarante et un	92	quatre-vingt-douze,
42	quarante-deux, etc.		etc.
50	cinquante	100	cent
51	cinquante et un	101	cent un
52	cinquante-deux, etc.	102	cent deux, etc.
60	soixante	1000	mille
61	soixante et un	1001	mille un
62	soixante-deux, etc.	1002	mille deux, etc.
70	soixante-dix	2000	deux mille
71	soixante et onze	1.000.000	un million (de)
72	soixante-douze	2.000.000	deux millions (de)
73	soixante-treize, etc.	1.000.000.000	un milliard (de)
80	quatre-vingts	2.000.000.000	deux milliards (de)

30. ORDINAL NUMBERS

The first	Le premier, la première
second	{ deuxième
	{ second, seconde
third	troisième
fourth	quatrième
fifth	cinquième
sixth	sixième
seventh	septième
eighth	huitième
ninth	neuvième
tenth	dixième
eleventh	onzième
twelfth	douzième
twenty-first	vingt et unième
twenty-second	vingt-deuxième

31. TIME

Quelle heure est-il?	What time is it?
Il est une heure	It is one o'clock
deux heures	two o'clock
trois heures et quart	a quarter past three
quatre heures et demie	half past four

cinq heures moins le quart	a quarter to five
six heures cinq	five minutes past six
sept heures moins dix	ten minutes to seven
midi	twelve o'clock (*midday*)
minuit	twelve o'clock (*midnight*)
midi et demi	half past twelve (*p.m.*)
minuit et demi	half past twelve (*a.m.*)

32. The following adjectives have an IRREGULAR FEMININE:

Masculine	*Feminine*	
beau	*belle*	(beautiful)
blanc	*blanche*	(white)
bon	*bonne*	(good)
dernier	*dernière*	(last)
gros	*grosse*	(bulky)
long	*longue*	(long)
paresseux	*paresseuse*	(lazy)
premier	*première*	(first)
vieux	*vieille*	(old)
quel	*quelle*	(what)

33. THE IMPERSONAL VERB **il faut** carries the meaning that something *is needed, is necessary* or *must be done.* Thus:

il faut être élégant (*literally*) 'it is necessary to be smart'
(*but more usually*) we must be . . ., you must be . . .,
one has to be . . ., etc.
allez chercher ce qu'il faut!   Go and fetch what is needed!

34. PERSONAL PRONOUNS USED WITHOUT A VERB (*disjunctive pronouns*)

The pronouns je, tu, il, ils can be used only with a verb. If we want to use them alone (for emphasis) or with a preposition, a stronger form of pronoun must be used instead.

The stronger forms are: **moi, toi, lui, eux.** The pronouns **elle, elles, nous, vous** are 'strong' enough to be used alone, and no special form is needed.

THUS: *Toi*, **tu es un homme, mais** *moi*, **je suis une femme.**
Avec *moi*, **pour** *lui*, **devant** *eux*.
(With *me*, for *him*,   in front of *them*.)
Chez *nous* (at our house), **chez** *eux* (at their house).

Nous allons chez *nous*; il va chez *lui*.
(We go home; he goes home.)

35. RELATIVE PRONOUNS

The simplest forms are:

SUBJECT:	qui		(*who, which*)
DIRECT OBJECT:	que	or qu'	(*whom, which*)

Examples:

le train *qui* arrive, the train *which* is coming

(*which* is the SUBJECT of 'is coming')

le contrôleur *qui* poinçonne les billets, the inspector *who* is punching the tickets

(*who* is the SUBJECT of 'is punching')

le train *que* nous attendons, the train (*which*) we are waiting for

(*which* is the DIRECT OBJECT of 'waiting for', for its SUBJECT is 'we'; *we* are doing the waiting, not the train)

le taxi *qu'il* attend, the taxi (*which*) he is waiting for

(*which* is the DIRECT OBJECT and *he* is the SUBJECT).

NOTE that que changes to qu' before a vowel.

NOTE ALSO that in English we are allowed to omit 'which', if we like, but one may *never* omit que or qu' in French:

la femme *que* nous admirons, the woman (*whom*) we admire

(*whom* is the DIRECT OBJECT of 'admire')

Fortunately we don't have to worry about the plural, as there is no difference:

Les trains *qui* arrivent, les trains *que* nous attendons.

There is also another form dont (*of which*):

Le livre *dont* il parle, the book *of which* he is speaking

36. DATES. DAYS OF THE WEEK

Les jours de la semaine

lundi	Monday
mardi	Tuesday
mercredi	Wednesday
jeudi	Thursday

vendredi	Friday
samedi	Saturday
dimanche	Sunday

37. DATES. THE MONTHS

Les mois

janvier	January	juillet	July
février	February	août	August
mars	March	septembre	September
avril	April	octobre	October
mai	May	novembre	November
juin	June	décembre	December

HOW TO WRITE THE DATE:

The date should normally consist of three words:

le treize mai (le 13 mai), May 13th
samedi 13 mai, Saturday May 13th
le premier janvier (le 1er janvier), January 1st
le deux janvier (le 2 janvier), January 2nd

The first of the month is expressed by **premier** but all the other dates are expressed by cardinals (**deux, trois, quatre**, etc.).

NOTE that officially the months are spelt with a small letter, but quite a large number of French people use capitals in spite of the rule!

38. THE WEATHER.

Le temps qu'il fait

The simplest forms are:

Il fait beau	
(*or* **il fait beau temps**)	it is fine
Il fait mauvais	the weather is bad
Il fait chaud	it is warm
Il fait froid	it is cold
Il fait noir	it is dark
Il pleut	it is raining
Il neige	it is snowing
Il gèle	it is freezing
Il fait du vent	it is windy
Il fait du brouillard	it is foggy
Le soleil brille	the sun is shining

La pluie	the rain	La neige	the snow
Le vent	the wind	Un éclair	a flash of lightning
Un orage	a thunderstorm	La foudre	lightning (that strikes)
	Le brouillard	the fog	

39. THE PRESENT PARTICIPLE

The present participle in English ends in -*ing*; the French present participle ends in -*ant*.

The stem is nearly always the same as that of the *plural* of the present tense:

Infinitive	Plural of present tense	Present participle
regarder	nous regardons	regardant
finir	nous finissons	finissant
pouvoir	nous pouvons	pouvant
vouloir	nous voulons	voulant
attendre	nous attendons	attendant
prendre	nous prenons	prenant
aller	nous allons	allant
faire	nous faisons	faisant
devoir	nous devons	devant

Three verbs only don't fit in to this rule:

avoir	nous avons	BUT	*ayant*
être	nous sommes	BUT	*étant*
savoir	nous savons	BUT	*sachant*

Impersonal verbs (il pleut, etc.) must be looked up.

The present participle is not used as much in French as it is in English. It should only be used in cases similar to those found in reading.

Fouillant dans des cabas, *Rummaging* in shopping bags.

Un homme a passé, *portant* un plateau, A man came by, *carrying* a tray.

Il ferme la porte *en sortant*, He shuts the door *on going out*.

en is the only preposition that can be used with a present participle.

The present participle is sometimes an adjective, in which case it agrees as an adjective:

une soirée dansante   a party with dancing

une jeune fille charmante	a charming girl
des livres intéressants	interesting books

40. THE PERFECT TENSE (*Passé composé*)

Up to Lesson 10, only the present tense of verbs has been used. The first past tense to be studied is the PERFECT, which is used in conversation to express both what *happened* and what *has happened*.

THUS:

Present	Perfect
je ferme la porte	*j'ai fermé* la porte
(I close the door)	(*I have closed* the door
	OR *I closed* the door)
nous oublions quelque chose	*nous avons oublié* quelque chose
(we are forgetting something)	(we have forgotten something
	OR we forgot something)

THE PERFECT TENSE (*Passé composé*) of the verb **regarder**.

j'ai regardé, *I looked*	nous avons regardé, *we looked*
tu as regardé, *you looked*	vous avez regardé, *you looked*
il a regardé, *he looked*	ils ont regardé, *they looked*
(elle a regardé, *she looked*)	(elles ont regardé, *they* (fem.) *looked*)

The above can of course also mean *I have looked, you have looked*, etc.

The tense is formed from the present tense of **avoir** and the past participle (*i.e.* the form corresponding to the English 'taken', 'eaten', 'seen').

NEGATIVE CONJUGATION

je *n'ai pas* regardé   elle *n'a pas* regardé, etc.

INTERROGATIVE CONJUGATION

A-t-elle regardé?   *Avez-vous* regardé? etc.

NEGATIVE INTERROGATIVE

N'a-t-il pas regardé?   *N'avez-vous pas* regardé? etc.

41. THE PAST PARTICIPLE

Most French verbs belong to the -er type (like regarder) and have their past participles in -é (don't forget this very important accent!), THUS: **trouvé** (*found*), **parlé** (*spoken*), **donné** (*given*), **décidé** (*decided*), but (as in English and other languages) many very common ones are irregular.

The -ir verbs usually have past participles ending in -i (*e.g.* finir, *fini*; choisir, *choisi*; remplir, *rempli*).

The -re verbs usually have past participles ending in -u (*e.g.* attendre, *attendu*; vendre, *vendu*; entendre, *entendu*).

The others can easily be learnt as they are met. The first ones to note are:

prendre (*to take*)	*pris* (*taken*)
avoir (*to have*)	*eu* (*had*)
être (*to be*)	*été* (*been*)

Perfect tenses of irregular verbs that have been met so far:

avoir (*to have*):	*j'ai eu*
devoir (*to have to*):	*j'ai dû*
dire (*to say*):	*j'ai dit*
être (*to be*):	*j'ai été*
faire (*to make*):	*j'ai fait*
pouvoir (*to be able*):	*j'ai pu*
prendre (*to take*):	*j'ai pris*
savoir (*to know*):	*j'ai su*
vouloir (*to wish*):	*j'ai voulu*

42. COMPARISON OF ADJECTIVES AND ADVERBS

cher	*plus cher*	*le plus cher*
(dear)	(*dearer*)	(*the dearest*)
facilement	*plus facilement*	*le plus facilement*
(easily)	(*more easily*)	(*the most easily*)

Examples:

cette maison est plus chère *que* l'autre
(this house is dearer *than* the other)
c'est la plus chère *de* la ville
(it's the dearest *in* the town)

IRREGULAR FORMS

bon, bonne	*meilleur, meilleure*	*le meilleur, la meilleure*
(good)	(*better*)	(*best*)

This should not be confused with the adverb

bien	*mieux*	*le mieux*
(well)	(*better*)	(*best*)

L

Another irregular adverb is

beaucoup	*plus*	*le plus*
(much)	(*more*)	(*most*)

43. THE PRONOUN on

On is a subject pronoun (meaning *one*) which is used sometimes in place of any of the other subject pronouns. For example we can say in English *one says* but people generally prefer to say 'you say' or 'we say'.

On prend du pain, one takes some bread (*i.e.* you take . . .).
On coupe une tranche, one cuts a slice (*i.e.* you cut . . .).
On dit..., one says (*i.e.* they say . . .).

44. THE PERFECT TENSE WITH être

You should have noticed in the text of Lesson 12

ils *ont* traversé la rue (they crossed the street)
but ils *sont* montés dans un taxi (they got into a taxi)

About a dozen French verbs are thus conjugated with être.

PERFECT TENSE of aller (*to go*)

je suis allé (allée)	nous sommes allés (allées)
tu es allé (allée)	vous êtes allés (allées)[1]
il est allé	ils sont allés
elle est allée	elles sont allées

[1] If you are talking to *one* person, this would be vous êtes allé OR vous êtes allée.

NEGATIVE CONJUGATION

je *ne suis pas* allé   ils *ne sont pas* allés, etc.

INTERROGATIVE CONJUGATION

est-il allé?   *êtes-vous* allés?

NEGATIVE INTERROGATIVE

n'est-elle pas allée?   *n'êtes-vous pas* allés?

NOTE: After the verb être the past participle *agrees with the subject*.

The dozen or so verbs conjugated with être are those which express

'COMING' and 'GOING' without specifying the means of doing so; *e.g.* 'to come in' (**entrer**) belongs to the list, but 'to walk' (**marcher**) does not.

The list is as follows:

(*a*) COMING. venir: je *suis* venu (I came)
arriver: je *suis* arrivé (I arrived)
revenir: je *suis* revenu (I came back)
entrer: je *suis* entré (I came in)
rentrer: je *suis* rentré (I came home)
also devenir: je *suis* devenu (I became)

(*b*) GOING.   aller: je *suis* allé (I went)
partir: je *suis* parti (I went away)
retourner: je *suis* retourné (I went back)
sortir: je *suis* sorti (I went out)
monter: je *suis* monté (I went up)
descendre: je *suis* descendu (I went down)

also   tomber: je *suis* tombé (I fell down)
rester: je *suis* resté (I remained) (*neutral position*)

Two other verbs of 'coming and going' belong to the list:

naître (to be born): je *suis* né (I was born)
mourir (to die):   il *est* **mort** (he has died *or* he is dead)

The division into groups of 'coming' and 'going' is of course quite artificial, to make it easier to learn. Thus **sortir** can mean either 'go out' or 'come out'.

It might be convenient to make a scheme to help in memorising these verbs. Thus:

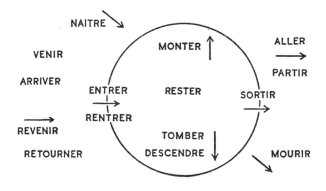

45. The Perfect Tense of Reflexive Verbs

In addition to the verbs mentioned in § 54 above, ALL reflexive verbs are conjugated with être.

Ils *ont* trouvé leur hôtel
but **Ils** *se sont* trouvés devant leur hôtel

PERFECT TENSE OF se coucher (*to go to bed*)

je *me suis* couché (couchée)	nous *nous sommes* couchés (couchées)
tu *t'es* couché (couchée)	vous *vous êtes* couchés (couchées)[1]
il *s'est* couché	ils *se sont* couchés
elle *s'est* couchée	elles *se sont* couchées

[1] When talking to one person this would be **vous vous êtes couché** *or* couchée.

NOTE that the past participle agrees in the same way as in the case of other verbs that take être. In actual fact it agrees with the reflexive pronoun where this is its direct object, and this has the same gender and number as the subject (which means in effect that the past participle normally agrees with the subject*).

* There are exceptions, but these are beyond the scope of this book.

The rule for agreement of the past participle is:

(1) with the auxiliary **être** it agrees with the subject:

ils sont arrivés

(2) with the auxiliary verb **avoir** and in reflexive verbs it agrees with the direct object *if this comes before the verb*:

J'ai ouvert la fenêtre.
La fenêtre est-elle *fermée*? Non, je *l'*ai *ouverte*.
A-t-il trouvé ses lunettes? Il *les* a *trouvées*.
Où sont *les gants* que j'ai *lavés*?

NEGATIVE CONJUGATION

je *ne* me suis *pas* couché   ils *ne* se sont *pas* couchés, etc.

INTERROGATIVE CONJUGATION

*S'*est-il couché?   *Vous* êtes-vous couchés? etc.

NEGATIVE INTERROGATIVE

Ne s'est-elle *pas* couchée?   *Ne* vous êtes-vous *pas* couchées? etc.

Note also

Je vais me coucher
Je ne vais pas me coucher
Il va se coucher
Il ne va pas se coucher
Va-t-il se coucher?
Ne va-t-il pas se coucher?
Allez-vous vous coucher?
N'allez-vous pas vous coucher? etc.

It should be possible to model other combinations on the above list.

46. NEGATIVE EXPRESSIONS

The usual way of expressing the negative is with ne...pas, but there are other expressions to be learnt. Here are some of them:

ne...jamais (*never*): on *ne* sait *jamais*
ne...rien (*nothing*): il *ne* dit *rien*
ne...personne (*nobody*): elle *n'*aime *personne*

These may also be used entirely alone as answers:

Qu'y a-t-il dans la boîte? *Rien.*
What's in the box? *Nothing.*

Quand va-t-il venir ici? *Jamais.*
When is he going to come here? *Never.*

Qui veut parler? *Personne.*
Who wants to speak? *Nobody.*

Rien and personne may also be used as the SUBJECT of the sentence:

Rien ne les contente, Nothing pleases them.
Personne n'est venu, Nobody has come.

Ne...plus (No longer, no more). This is constructed in the same way as the other negative expressions:

Elle *ne* me croit *plus*, She no longer believes me.
Il *n'*y a *plus* de vin, There is no more wine.

Ne...aucun (No . . ., not any . . .) is the negative adjective:

Il n'a aucune preuve, He has no proof.

47. POSSESSIVE PRONOUNS

	Singular		Plural	
Masculine	*Feminine*	*Masculine*	*Feminine*	
le mien	la mienne	les miens	les miennes	(mine)
le tien	la tienne	les tiens	les tiennes	(yours)
le sien	la sienne	les siens	les siennes	(his, hers, its)
le nôtre	la nôtre	les nôtres		(ours)
le vôtre	la vôtre	les vôtres		(yours)
le leur	la leur	les leurs		(theirs)

NOTE the circumflex accent on le nôtre, le vôtre.

Je cherche un stylo. Je n'ai pas *le mien*. Puis-je emprunter *le vôtre*?

(I'm looking for a pen. I haven't got mine. May I borrow yours?)

Je cherche une règle. Je n'ai pas *la mienne*. Puis-je emprunter *la vôtre*?

(I'm looking for a ruler. I haven't got mine. May I borrow yours?)

48. NOUN CLAUSES: ce qui, ce que (*See also* § 35)

These are best shown by examples:

Je ne sais pas *ce qui* va se passer

I don't know *what* is going to happen

(Here *ce qui* is the subject of the verb which follows.)

Je sais *ce que* je veux, I know *what* I want

(*ce que* is the direct object of the verb).

Il sait *ce qu'*il veut, He knows *what* he wants

(*ce que* has been shortened to *ce qu'*).

Ce qui and ce que also occur in:

Qu'est-ce qui s'est passé? *What* has happened?

(*What* is the subject.)

Qu'est-ce que vous avez trouvé? *What* have you found?

(*What* is the direct object.)

49. THE DEMONSTRATIVE PRONOUN

Voici le stylo du professeur; ce n'est pas *celui de* l'élève
Here is the master's pen; it's not the pupil's one
Est-ce *celui de* Jean? Non, c'est *celui de* Pierre
Is it John's? No, it's Peter's
En tout cas il est meilleur que *celui que* j'ai perdu
In any case it's better than the one I lost
Regardez *celui-ci*; est-ce *celui que* vous avez perdu?
Look at this one; is it the one you lost?
Non, mais *celui-là* ressemble au mien
No, but that one looks like mine
Je vais emprunter *celui qui* écrit le mieux
I'm going to borrow the one that writes best

In the above examples **celui** is the masculine form (*the one*) and is always followed by -ci or -là or qui or que or de. The demonstrative pronoun is never used alone. These examples are now shown in the *plural*.

Voici les stylos du professeur; ce ne sont pas *ceux de* l'élève.
Sont-ce *ceux de* Jean? Non, ce sont *ceux de* Pierre.
En tout cas ils sont meilleurs que *ceux que* j'ai perdus.[1]
Regardez *ceux-ci*; sont-ce *ceux que* vous avez perdus?[1]
Non, mais *ceux-ci* ressemblent aux miens.
Je vais emprunter *ceux qui* écrivent le mieux.

In the above examples **ceux** is the masculine plural form. Similar examples are now shown in the *feminine*

Voici la gomme du professeur; ce n'est pas *celle de* l'élève.
Est-ce *celle de* Jean? Non, c'est *celle de* Pierre.
En tout cas elle est meilleure que *celle que* j'ai perdue.[1]
Regardez *celle-ci*; est-ce *celle que* vous avez perdue?[1]
Non, mais *celle-là* ressemble à la mienne.
Je vais emprunter *celle qui* efface le mieux.
I'm going to borrow the one that rubs out best.

In the above examples **celle** is the feminine form. The *feminine plural* is **celles**. Thus:

Voici les gommes du professeur; ce ne sont pas *celles de* l'élève.

[1] For an explanation of this agreement see § 44.

Ceci (*this*), **cela** (*that*) are pronouns used when referring to things that have not been named, or to ideas.

Regardez ceci! Look at this!
Vous jetez tout par terre; je n'aime pas cela.
You throw everything on the ground; I don't like that.

Cela is often shortened to **ça** in conversation:

Ça fait du bien, That does you good.

50. Ne...que (*only*)

There are two ways of expressing *only*:

> **Il ne s'agit pas *seulement* du prix**
> It's not *only* a question of price
>
> **Je *n*'ai *que* deux robes**
> I've got *only* two dresses
>
> **Mon chien *ne* mange *que* de la viande**
> My dog *only* eats meat

51. PRESENT TENSE WITH THE MEANING '*have been* . . .'

Il y a trois ans que je lui *dis* cela.
(I *have been saying* that to her for three years.)

Elle *travaille* pour moi depuis quatre ans.
(She *has been working* for me for four years.)

Nous *habitons* Londres depuis dix ans.
OR **Il y a dix ans que nous *habitons* Londres.**
(We've *been living* in London for ten years.)

52. THE FUTURE TENSE

The endings are the same for *all* verbs, and in nearly all the formation is regular. Example: **parler** (*to speak*)

FUTURE TENSE OF **parler**

je **parlerai** (*I shall speak*)	nous **parlerons**
tu **parleras**	vous **parlerez**
il **parlera**	ils **parleront**

NOTE that the stem (**parler-**) is the infinitive, and that the endings are those of the present tense of **avoir**:

-ai, -as, -a, -ons, -ez, -ont.

Verbs ending in -re drop the final e in forming the future, *e.g.* attendre (*to wait*): FUTURE *j'attendrai*, etc.

Common irregular stems are:

INFINITIVE	FUTURE
avoir (*to have*)	*j'aurai* etc.
être (*to be*)	*je serai*
aller (*to go*)	*j'irai*
devoir (*to have to*)	*je devrai*
faire (*to make*)	*je ferai*
pouvoir (*to be able*)	*je pourrai*
savoir (*to know*)	*je saurai*
tenir (*to hold*)	*je tiendrai*
venir (*to come*)	*je viendrai*
voir (*to see*)	*je verrai*
vouloir (*to want*)	*je voudrai*
falloir (*to be necessary*)	*il faudra*
ALSO lever (*to raise*)	*je lèverai*
mener (*to lead*)	*je mènerai*
acheter (*to buy*)	*j'achèterai*
appeler (*to call*)	*j'appellerai*
jeter (*to throw*)	*je jetterai*

53. IDIOMS WITH avoir

avoir chaud, to be warm (*to have a feeling of warmth*)
avoir froid, to be cold (*to have a feeling of being cold*)
avoir faim, to be hungry (*to have a feeling of hunger*)
avoir soif, to be thirsty (*to have a feeling of thirst*)
avoir peur, to be afraid (*to have a feeling of fear*)
avoir envie de, to want to (*to have a desire to*)
avoir besoin de, to need (*to have a need of, for* or *to*)
avoir l'air, to look (*to have a look of*)
avoir raison, to be right (*to have right on one's side*)
avoir tort, to be wrong (*to have the wrong idea*)
avoir vingt ans, to be *twenty* years old (*to have twenty years behind one*)
quel âge avez-vous? how old are you? (*what age have you?*)

EXAMPLES

Ouvrez une fenêtre, j'ai trop chaud, Open a window, I'm too hot.

Fermez la fenêtre, vous aurez froid, Close the window, you'll be cold.

J'ai faim. Quand déjeunerons-nous? I'm hungry. When shall we have lunch?

Le chien a soif. Il cherche de l'eau, The dog is thirsty. He's looking for water.

J'ai peur de lui parler, I'm afraid to speak to him (*or* to her).

Elle a envie de nous ruiner, She wants to ruin us.

J'ai besoin de retourner à Londres, I need to go back to London.

Nous aurons bientôt besoin de cigarettes, We'll soon need some cigarettes.

Elle a l'air très fatiguée ce soir, She looks very tired this evening.

Vous avez toujours raison, You are always right.

Je suis sûr qu'ils ont tort, I am sure they are wrong.

Quel âge a-t-il maintenant? How old is he now?

Je crois qu'il a soixante-dix ans, I believe he is seventy.

54. THE IMPERFECT TENSE (*L'Imparfait*)

The Imperfect tense is used to indicate that an action

was going on   or   *used to go on*

as distinct from something that happened once. It describes a scene or the circumstances.

THE IMPERFECT OF **donner**, *to give*

je **donnais** *I was giving, I used to give*		nous **donnions**
tu **donnais**		vous **donniez**
il **donnait**		ils **donnaient**

The endings are always (*for every verb*)

-ais, -ais, -ait, -ions, -iez, -aient.

The stem of the Imperfect can always be found from the Present tense, except for the verb être. This is the method:

Take the **nous** form, **nous donnons**, and insert an **i** before the **ons**, then build the tense from this, *e.g.*

PRESENT	IMPERFECT
nous finissons — nous finiss*ions* — je finiss*ais*	
nous attendons — nous attend*ions* — j'attend*ais*	

nous avons   —   nous av*ions* — j'av*ais*
nous voulons   —   nous voul*ions* — je voul*ais*

The ONLY exception is

nous sommes,   nous *étions,*   j'*étais*

Impersonal verbs must of course be learnt individually;

e.g. il faut — il *fallait*
il pleut — il *pleuvait*

These are shown in the verb tables starting on p. 161.

EXAMPLES of the use of the Imperfect Tense:

Il *pleuvait* quand je suis arrivé
It was raining (*circumstances*) when I arrived (*event*)

Pendant que je *parlais* un enfant a ouvert la porte
While I was talking   a child opened the door
      (*circumstances; what*   (*event; what* did
      was *happening*   happen*)*

Je ne *savais* pas ce qu'il *voulait*
I didn't know what he wanted

(*a state of mind in both cases, neither is an event*)

55. THE CONDITIONAL (*Le Conditionnel*)

The conditional is used to express

what *would happen* if something else happened
OR what somebody said he *would do* later on.

CONDITIONAL OF **donner,** *to give*

je **donnerais**	*I should give*
tu **donnerais**	*you would give*
il **donnerait**	*he would give*
nous **donnerions**	*we should give*
vous **donneriez**	*you would give*
ils **donneraient**	*they would give*

The endings are always -ais, -ais, -ait, -ions, -iez, -aient (*i.e.* the endings of the IMPERFECT) and the stem is always the stem of the FUTURE:

FUTURE	CONDITIONAL
je finirai	je *finirais*
je vendrai	je *vendrais*
je saurai	je *saurais*
je serai	je *serais*
j'aurai	j'*aurais*
j'irai	j'*irais*

Use of the Conditional:

Si je disais[1] cela il *se moquerait* de moi.
If I said that he *would make fun* of me.

Nous y *arriverions* plus vite si nous prenions[1] un taxi.
We *should get there* faster if we took a taxi.

Il *aurait* le vertige s'il montait[1] plus haut.
He *would be* dizzy if he went higher.

[1] NOTE that the clause beginning with si is in the imperfect.

Il m'a dit qu'il *viendrait*.
He told me that he *would come*.

Aimeriez-vous venir avec nous?
Would you *like* to come with us?

56. THE PAST HISTORIC (*Le Passé Simple*)

As its name suggests this tense is used to tell of *events*, things that happened once, in literary style. It should not be used in conversation or in letters, but must obviously be learnt in order that it may be recognised when reading books and used when translating English literary passages.

PAST HISTORIC OF donner

je donnai	nous donnâmes
tu donnas	vous donnâtes
il donna	ils donnèrent

This is the form for all verbs in -er.

PAST HISTORIC OF finir

je finis	nous finîmes
tu finis	vous finîtes
il finit	ils finirent

This is the form for all verbs in -ir and -re.

PAST HISTORIC OF recevoir (*to receive*)

je **reçus**	nous **reçûmes**
tu **reçus**	vous **reçûtes**
il **reçut**	ils **reçurent**

This is the form for *most* verbs in -oir.

In practice, it is unusual to find any past historics except in the 3rd person. Thus the following endings should be noted:

	Sing.	Plural
-er verbs	-a	-èrent
-ir, -re verbs	-it	-irent
-oir verbs	-ut	-urent

Verbs ending in -ger need an e before the ending:

il **mangea**

Verbs whose stem ends with a c need a cedilla under the c:

il **lança**, il **reçut**

The Past Historic is NEVER used in conversation or in letters; the Perfect (passé composé) is used instead.

Il répondit: — Je ne l'ai pas fait.
He replied: 'I did not do it'.

57. THE PLUPERFECT (*Le plus-que-parfait*)

PLUPERFECT OF donner

j'avais donné (*I had given*)	nous avions donné
tu avais donné	vous aviez donné
il avait donné	ils avaient donné

PLUPERFECT OF aller

(*model for verbs of going and coming*)

j'étais allé (*I had gone*)	nous étions allés
tu étais allé	vous étiez allé(s)
il était allé	ils étaient allés
elle était allée	elles étaient allées

PLUPERFECT OF se coucher (*to go to bed*)

je m'étais couché (*I had gone
        to bed*)   nous nous étions couchés
tu t'étais couché   vous vous étiez couché(s)
il s'était couché   ils s'étaient couchés
elle s'était couchée   elles s'étaient couchées

There is nothing difficult about this tense. It is always formed from the perfect (passé composé) by putting the auxiliary verb (avoir or être) into the imperfect.

58.   *REGULAR VERBS*

Normal type:

Regarder, to look (at)

PRESENT (*présent*)   PERFECT (*passé composé*)
je regarde   j'ai regardé
tu regardes   tu as regardé
il regarde   il a regardé
nous regardons   nous avons regardé
vous regardez   vous avez regardé
ils regardent   ils ont regardé

FUTURE (*futur*)   CONDITIONAL (*conditionnel*)
je regarderai   je regarderais
tu regarderas   tu regarderais
il regardera   il regarderait
nous regarderons   nous regarderions
vous regarderez   vous regarderiez
ils regarderont   ils regarderaient

IMPERFECT (*imparfait*)   PAST HISTORIC (*passé simple*)
je regardais   je regardai
tu regardais   tu regardas
il regardait   il regarda
nous regardions   nous regardâmes
vous regardiez   vous regardâtes
ils regardaient   ils regardèrent

PRESENT PARTICIPLE (*participe présent*)	IMPERATIVE (*impératif*)
regardant	regarde! regardons! regardez!

59.　　　　REGULAR VERBS

Other types:

(*a*) **finir**, to finish

PRESENT (*présent*)	PERFECT (*passé composé*)
je finis	j'ai fini
tu finis	tu as fini
il finit	il a fini
nous finissons	nous avons fini
vous finissez	vous avez fini
ils finissent	ils ont fini

FUTURE (*futur*)	CONDITIONAL (*conditionnel*)
je finirai	je finirais
tu finiras	tu finirais
il finira	il finirait
nous finirons	nous finirions
vous finirez	vous finiriez
ils finiront	ils finiraient

IMPERFECT (*imparfait*)	PAST HISTORIC (*passé simple*)
je finissais	je finis
tu finissais	tu finis
il finissait	il finit
nous finissions	nous finîmes
vous finissiez	vous finîtes
ils finissaient	ils finirent

PRESENT PARTICIPLE (*participe présent*)	IMPERATIVE (*impératif*)
finissant	finis! finissons! finissez!

Common verbs conjugated like **finir** *are :*

choisir (to choose), **démolir** (to demolish), **guérir** (to cure), **remplir** (to fill), **réussir** (to succeed), **rougir** (to blush), **noircir** (to blacken), **blanchir** (to whiten), **pâlir** (to turn pale).

(*b*) **attendre**, to wait (for)

PRESENT (*présent*)	PERFECT (*passé composé*)
j'attends	j'ai attendu
tu attends	tu as attendu
il attend	il a attendu
nous attendons	nous avons attendu
vous attendez	vous avez attendu
ils attendent	ils ont attendu

FUTURE (*futur*)	CONDITIONAL (*conditionnel*)
j'attendrai	j'attendrais
tu attendras	tu attendrais
il attendra	il attendrait
nous attendrons	nous attendrions
vous attendrez	vous attendriez
ils attendront	ils attendraient

IMPERFECT (*imparfait*)	PAST HISTORIC (*passé simple*)
j'attendais	j'attendis
tu attendais	tu attendis
il attendait	il attendit
nous attendions	nous attendîmes
vous attendiez	vous attendîtes
ils attendaient	ils attendirent

PRESENT PARTICIPLE (*participe présent*)	IMPERATIVE (*impératif*)
attendant	attends!
	attendons!
	attendez!

Most **-re** *verbs are conjugated like* **attendre**, *e.g.* **entendre**, to hear, **descendre**, to go down, **vendre**, to sell.

(*c*) PERFECT TENSE (*passé composé*) OF VERBS CONJUGATED WITH être

(i) *Reflexive verbs (verbes pronominaux)*

se coucher, to go to bed

je me suis couché	nous nous sommes couchés
tu t'es couché	vous vous êtes couché(s)
il s'est couché	ils se sont couchés
elle s'est couchée	elles se sont couchées

(ii) *Verbs of going and coming*

entrer, to come in

je suis entré	nous sommes entrés
tu es entré	vous êtes entré(s)
il est entré	ils sont entrés
elle est entrée	elles sont entrées

The others are : aller, arriver, descendre, devenir, monter, partir, rentrer, rester, retourner, revenir, sortir, tomber, venir.

(*d*) IMPERATIVE OF REFLEXIVE VERBS

se coucher, to go to bed

couche-toi!	ne te couche pas!
couchons-nous!	ne nous couchons pas!
couchez-vous!	ne vous couchez pas!

60.   *TABLE OF IRREGULAR VERBS*

INFINITIVE (*infinitif*)	PRESENT (*présent*)	PERFECT (*passé composé*)	PAST HISTORIC (*passé simple*) 3rd person	PECULIARITIES
acheter (to buy)	j'achète tu achètes il achète nous achetons vous achetez ils achètent	j'ai acheté	il acheta ils achetèrent	*Future :* j'achèterai

M

INFINITIVE (*infinitif*)	PRESENT (*présent*)	PERFECT (*passé composé*)	PAST HISTORIC (*passé simple*) 3rd person	PECULIARITIES
aller (to go)	je vais tu vas il va nous allons vous allez ils vont	je suis allé	il alla ils allèrent	*Future:* j'irai
apercevoir (to notice)	j'aperçois tu aperçois il aperçoit nous apercevons vous apercevez ils aperçoivent	j'ai aperçu	il aperçut ils aperçurent	*Future:* j'apercevrai
appeler (to call)	j'appelle tu appelles il appelle nous appelons vous appelez ils appellent	j'ai appelé	il appela ils appelèrent	*Future:* j'appellerai N.B. s'appeler (to be called)
s'asseoir (to sit down)	je m'assieds tu t'assieds il s'assied nous nous asseyons vous vous asseyez ils s'asseyent	je me suis assis	il s'assit ils s'assirent	*Future:* je m'assiérai
avoir (to have)	j'ai tu as il a nous avons vous avez ils ont	j'ai eu (*pronounced like a single* u)	il eut ils eurent	*Future:* j'aurai *Present part.:* ayant *Imperative:* aie, ayons, ayez
boire (to drink)	je bois tu bois il boit	j'ai bu	il but ils burent	

INFINITIVE (*infinitif*)	PRESENT (*présent*)	PERFECT (*passé composé*)	PAST HISTORIC (*passé simple*) 3rd person	PECULIARITIES
	nous **buvons** vous **buvez** ils **boivent**			
conduire (to drive)	je **conduis** tu **conduis** il **conduit** nous **conduisons** vous **conduisez** ils **conduisent**	j'ai **conduit**	il **conduisit** ils **conduisirent**	
connaître (to know)	je **connais** tu **connais** il **connaît** nous **connaissons** vous **connaissez** ils **connaissent**	j'ai **connu**	il **connut** ils **connurent** (*seldom used*)	*Used to show knowledge of a person or place.* paraître *and* apparaître (to appear) *also conj. thus*
croire (to believe)	je **crois** tu **crois** il **croit** nous **croyons** vous **croyez** ils **croient**	j'ai **cru**	il **crut** ils **crurent**	
devoir (to owe, to have to)[1]	je **dois** tu **dois** il **doit** nous **devons** vous **devez** ils **doivent**	j'ai **dû**	il **dut** ils **durent**	*Future:* je **devrai**

[1] the exact meaning of the verb depends on the sentence in which it is used thus:

le taxi *doit* venir à 7 heures, the taxi *is to* come ...
vous *devez* venir nous voir, you *must* come ...
Je vous *dois* 100 francs, I *owe* you ...

The conditional means *ought*: Il *devrait* venir, He *ought to* come.

INFINITIVE (*infinitif*)	PRESENT (*présent*)	PERFECT (*passé composé*)	PAST HISTORIC (*passé simple*) 3rd person	PECULIARITIES
dire (to say)	je dis tu dis il dit nous disons vous dites ils disent	j'ai dit	il dit ils dirent	*Note :* vous *dites*
dormir (to sleep)	je dors tu dors il dort nous dormons vous dormez ils dorment	j'ai dormi	il dormit ils dormirent	N.B. s'endormir (to fall asleep)
écrire (to write)	j'écris tu écris il écrit nous écrivons vous écrivez ils écrivent	j'ai écrit	il écrivit ils écrivirent	N.B. décrire (to describe)
être (to be)	je suis tu es il est nous sommes vous êtes ils sont	j'ai été	il fut ils furent	*Future :* je serai *Imperfect :* j'étais *Present part. :* étant *Imperative :* sois, soyons, soyez
faire (to make, to do)	je fais tu fais il fait nous faisons vous faites ils font	j'ai fait	il fit ils firent	*Note* vous *faites* *Future :* je ferai

INFINITIVE (*infinitif*)	PRESENT (*présent*)	PERFECT (*passé composé*)	PAST HISTORIC (*passé simple*) 3rd person	PECULIARITIES
falloir[1] (to be necessary to)	il faut	il a fallu	il fallut	*Future:* il faudra *Imperfect:* il fallait
jeter (to throw)	je jette tu jettes il jette nous jetons vous jetez ils jettent	j'ai jeté	il jeta ils jetèrent	*Future:* je jetterai
lever (to raise)	je lève tu lèves il lève nous levons vous levez ils lèvent	j'ai levé	il leva ils levèrent	*Future:* je lèverai
lire (to read)	je lis tu lis il lit nous lisons vous lisez ils lisent	j'ai lu	il lut ils lurent	
manger (to eat)	nous mangeons	(*Otherwise normal*)	il mangea	*Imperfect:* je mangeais
mettre (to put)	je mets tu mets il met nous mettons vous mettez ils mettent	j'ai mis	il mit ils mirent	
mourir (to die)	je meurs tu meurs il meurt nous mourons vous mourez ils meurent	je suis mort	il mourut ils moururent	*Future:* je mourrai

[1] *See § 33.*

INFINITIVE (infinitif)	PRESENT (présent)	PERFECT (passé composé)	PAST HISTORIC (passé simple) 3rd person	PECULIARITIES
naître (to be born)	je nais tu nais il naît nous naissons vous naissez ils naissent	je suis né	il naquit ils naquirent	
ouvrir (to open)	j'ouvre tu ouvres il ouvre nous ouvrons vous ouvrez ils ouvrent	j'ai ouvert	il ouvrit ils ouvrirent	
paraître (to appear) *see* connaître				
partir (to leave)	je pars tu pars il part nous partons vous partez ils partent	je suis parti	il partit ils partirent	*This verb cannot take an object*
pleuvoir (to rain) (*impersonal verb*)	il pleut	il a plu	il plut	*Future:* il pleuvra *Imperfect:* il pleuvait *Present part.:* pleuvant
pouvoir (to be able to)	je peux tu peux il peut nous pouvons vous pouvez ils peuvent	j'ai pu	il put ils purent	*Future:* je pourrai *Interrogative* 1st pers. Puis-je?

INFINITIVE (*infinitif*)	PRESENT (*présent*)	PERFECT (*passé composé*)	PAST HISTORIC (*passé simple*) 3rd person	PECULIARITIES
préférer (to prefer)	je préfère tu préfères il préfère nous préférons vous préférez ils préfèrent	j'ai préféré	il préféra ils préférèrent	*Future:* je préférerai N.B. espérer (to hope) *is also conj. thus*
prendre (to take)	je prends tu prends il prend nous prenons vous prenez ils prennent	j'ai pris	il prit ils prirent	*Thus also:* apprendre (to learn) comprendre (to understand)
recevoir (to receive)	je reçois tu reçois il reçoit nous recevons vous recevez ils reçoivent	j'ai reçu	il reçut ils reçurent	*Future:* je recevrai
rire (to laugh)	je ris tu ris il rit nous rions vous riez ils rient	j'ai ri	il rit ils rirent	N.B. sourire (to smile)
savoir (to know)	je sais tu sais il sait nous savons vous savez ils savent	j'ai su	il sut ils surent	*Future:* je saurai *Present part.:* sachant *Means* 'to know a fact *or* something that has been learnt'

INFINITIVE (*infinitif*)	PRESENT (*présent*)	PERFECT (*passé composé*)	PAST HISTORIC (*passé simple*) 3rd person	PECULIARITIES
sentir (to feel, to smell)	je sens tu sens il sent nous sentons vous sentez ils sentent	j'ai senti	il sentit ils sentirent	
servir (to serve)	je sers tu sers il sert nous servons vous servez ils servent	j'ai servi	il servit	N.B. se servir de (to use)
sortir (to go out)	je sors tu sors il sort nous sortons vous sortez ils sortent	je suis sorti	il sortit ils sortirent	N.B. *If the meaning is 'to take out' the Perfect is* j'*ai* sorti
suivre (to follow)	je suis tu suis il suit nous suivons vous suivez ils suivent	j'ai suivi	il suivit ils suivirent	
tenir (to hold)	je tiens tu tiens il tient nous tenons vous tenez ils tiennent	j'ai tenu	il tint ils tinrent	*Future:* je tiendrai N.B. se tenir (to stand)

INFINITIVE (*infinitif*)	PRESENT (*présent*)	PERFECT (*passé composé*)	PAST HISTORIC (*passé simple*) 3rd person	PECULIARITIES
venir (to come)	je viens tu viens il vient nous venons vous venez ils viennent	je suis venu	il vint ils vinrent	*Future:* je viendrai N.B. devenir (to become)
voir (to see)	je vois tu vois il voit nous voyons vous voyez ils voient	j'ai vu	il vit ils virent	*Future:* je verrai
vouloir (to wish, to want)	je veux tu veux il veut nous voulons vous voulez ils veulent	j'ai voulu	il voulut ils voulurent (*This tense usually means* 'tried')	*Future:* je voudrai

abandonner, to abandon
abîmer, to spoil, to ruin (clothes)
d'abord, at first
un accent, accent
d'accord, agreed, in agreement
accrocher, to hang up
acharné, eager
acheter, to buy
une addition, bill (*in a restaurant*)
une administration, management
s'adresser à, to apply to
adroit, skilful
l'âge (*masc.*), age
une agence, agency
un agenda, diary
un agent de police, policeman
agir, to act (*not in a theatre*)
s'agir de, to be a matter of
agréable, pleasant
une aiguille, needle
une aile, wing
aimer, to like, to love
ainsi, thus
ajouter, to add
l'alcool (*masc.*), alcohol
un Allemand, German
aller, to go; aller bien, to be well
aller et retour, return (ticket)
allumer, to light, put on (light)
une allumette, match
alors, then
un amant, lover
un amas, heap
un ami, friend
un amoureux, sweetheart
amusant, amusing

un an, year
un anana, pineapple
un Anglais, Englishman
un animal (*plur.* animaux), animal
une année, year
annoncer, to announce
un annuaire, directory
anormal (*plur.* anormaux), abnormal
apercevoir, to notice
un apéritif, apéritif (*appetiser*)
un appareil photographique, camera
un appartement, flat
apporter, to bring
apprendre, to learn
approcher, to approach;
s'approcher de, to approach
appuyer sur, to press
après, after
l'après-midi (*masc. or fem.*), afternoon
un arbre, tree
l'argent (*masc.*), money
une armoire, wardrobe, cupboard
arracher, to pull out, to snatch
un arrêt, stop
s'arrêter, to stop
l'arrière (*masc.*), rear
arriver, to arrive
un article, article
un artiste, actor
un ascenseur, lift
une ascension, ascent
assez (de), enough
une assiette, plate

assis, seated, sitting
une assurance, insurance
attacher, to attach
attendre, to wait (for)
une attente, period of waiting, wait
l'attention (*fem.*), attention
attention! look out!
attirer, to attract
au dessus de, above
au revoir, good-bye
aucun...ne, no (= *not any*)
aujourd'hui, to-day
auprès de, near (to)
aussi, also
aussitôt, immediately
un autobus, bus
une auto-école, driving school
l'automne (*masc.*), autumn
une automobile, (motor) car
un automobiliste, motorist
autre, other
avaler, to swallow
d'avance, in advance
s'avancer, to move forward
un avare, miser
avec, with
l'avenir (*masc.*), future
une aventure, adventure
une avenue, avenue
aveugle, blind
un avion, aeroplane
avoir, to have; avoir l'air, to seem
avril, April

les bagages (*masc.*), luggage
la baguette, long thin loaf
le bain, bath
baisser, to lower
la balle, ball
la banlieue, suburban region
la banqueroute, bankruptcy
le bas, stocking

le bateau (*plur.* bateaux), boat
le bateau-mouche, river steamer
le bâtiment, building
le bâton, stick; le bâton de rouge, lipstick
bavarder, to gossip, to chat
beau (*fem.* belle; *masc. plur.* beaux), beautiful, fine
beaucoup (de), a lot (of), much
la beauté, beauty
le bébé, baby
belle: *fem.* of beau, q.v.
le besoin, need
la bête, animal
bête, silly
bêtement, stupidly
le beurre, butter
la bibliothèque, library; la bibliothèque de la gare, station bookstall
bien, well, very
le bien-être, well-being
la bière, beer
le billet, ticket, note
le biscuit, biscuit
la blague, joke; sans blague! you're joking!
bleu, blue
le bock, glass of beer
boire, to drink
le bois, wood
la boisson, drink
la boîte, box, tin; la boîte de nuit, night club
bon (*fem.* bonne), good
bondé, crowded
de bonne heure, early
bonsoir, good evening
le bord, edge, bank (of river)
se borner à, to confine onself to, to do no more than
la bosse, bump, dent
la bouche, mouth
le boucher, butcher

bouillir, to boil
le boulanger, baker
le bout, end; au bout de ... minutes, after ... minutes
la bouteille, bottle
le bouton, button
le bras, arm
le breuvage, beverage
briller, to shine
le brin: faire un brin de toilette, to titivate
le briquet, (cigarette) lighter
le brouillard, fog, mist
le bruit, noise
brûler, to burn
la brume, mist, fog
brusquement, suddenly
le bureau, office
le bureau de poste, post office
le bureau de tabac, tobacconist's

ça y est, that's it, that's done it
la cabine téléphonique, telephone kiosk
cacher, to hide; caché, hidden
le café, coffee *or* café (*licensed to sell alcoholic drinks*); le café au lait, coffee with milk; le café-filtre, coffee made through a filter
le cahier, exercise book
la caisse, cash desk
le camarade, comrade, companion
le cambouis, dirty oil
la caméra, ciné camera
le camion, lorry
le campagnard, countryman
la campagne, country (*as opposed to town*)
le canif, penknife
le canot, small boat
la cantine, canteen
la capitale, capital
la capsule, capsule, top (of bottle)

car, for (*conjunction*)
le carnet, little notebook; le carnet de billets, book of tickets
le carreau (*plur.* carreaux), (window) pane
le carrefour, crossroads
la carrosserie, coachwork
la carte, card, map; la carte d'identité, identity card
le cas, case; en tout cas, in any case
le casque, helmet
casser, to break
à cause de, because of
causer, to cause
ce (*fem.* cette; *plur.* ces; *masc. before vowel* cet), this (*adjective*)
ceci, this (*pronoun*)
celà, that (*pronoun*)
celui (*fem.* celle; *plur.* ceux; celles), the one
celui-ci, this one
celui-là, that one
cent, a hundred
le centimètre, centimetre
certain, certain
la chaise, chair
le chaland, barge
la chaleur, heat, warmth
la chambre, (bed)room
le champ, field
la chance, good luck, occasion
changer (de), to change
le chansonnier, cabaret singer
chanter, to sing
le chapeau (*plur.* chapeaux), hat
chaque, each
le charbon, coal
le charcutier, pork-butcher
la charge, load
chargé de, laden with
charmant, charming
le chasseur, page (boy)
le chauffage, heating

le chauffeur, chauffeur, driver
la chaussée, roadway
la chaussette, sock
la chaussure, shoe
le chef, chief
le chemin, way
le chemin de fer, railway
la chemise, shirt
cher (*fem.* chère), dear
chercher, to look for; aller chercher, to go and fetch
chéri, my dear
le cheval (*plur.* chevaux), horse
les cheveux (*masc.*), hair
chez, at the house (*or* shop) of
chic, smart
le chien, dog
le choc, shock, impact
le chocolat, chocolate
choisir, to choose
choquer, to bump
la chose, thing
le ciel, sky
le cigare, cigar
la cigarette, cigarette
le cinéma, cinema
cinq, five
cinquante, fifty
la circulation, traffic
les ciseaux (*masc.*), scissors
le citron, lemon
claquer, to bang
la classe, class, classroom
la clé, clef, key; clé de contact, ignition key
le client, customer
le coffre, boot (*of car*)
la coiffeuse, dressing table
le coin, corner
la colère, anger
combien, how many, how much
commander, to order
comme, as, like
le commencement, beginning

commencer, to begin
le commérage, gossip
la compagne, feminine companion
le compagnon, companion
le compartiment, compartment
le complet(-veston), suit
complimenter, to compliment
comprendre, to understand
compris, included
le compte rendu, report
compter, to count
le compteur, meter
le comptoir, counter
la condition, condition
conduire, to drive
la conférence, lecture
confortable, comfortable
connaître, to know (*a person or place*)
consoler, to console
le consommateur, customer (*at a café*)
la consommation, drink (*in a café*); consumption (*of petrol*)
consulter, to consult
contempler, to contemplate
content, pleased
continuer, to continue
contre, against
le contrôleur, (ticket) inspector
la conversation, conversation
convoiter, to covet, desire
la convoitise, desire
la corbeille (*normal meaning*) basket; (*in a theatre*) dress circle
la corde, cord, rope
la corne, horn
cosmopolite, cosmopolitan
le côté, side; à côté de, at the side of; de ce côté, in this direction
le cou, neck
se coucher, to go to bed
coudre, to sew
couler, to flow

la **couleur**, colour
le **couloir**, corridor
le **coup d'œil**, glance
couper, to cut
la **cour**, yard
le **courant d'air**, draught
au **courant de**, in the know about
courir, to run
le **cours**, lecture
court, short
le **couteau** (*plur.* **couteaux**), knife
couvert (de), covered (with)
craindre, to fear
craquer, to burst
le **crayon**, pencil
crier, to shout
le **crissement**, grating noise
croire, to believe
la **croûte**, crust
la **cuiller**, spoon
la **cuisine**, kitchen
cultivé, cultured
la **cuvette**, (wash)basin
cylindrique, cylindrical

le **danger**, danger
dangereux (*fem.* **dangereuse**), dangerous
dans, in
de, of; **de la, de l'**, of the; some
le **dé**, thimble
debout, standing
déchirer, to tear
décider de, to decide to
le **décor**, (theatre) scenery
découper, to cut up, to carve
décrocher, to unhook
se **défaire de**, to get rid of
défavorable, unfavourable
dégoûter, to disgust
déguster, to sip
(au) **dehors**, outside
déjà, already

le **déjeuner**, lunch
déjeuner, to have lunch
délicat, delicate
délicieux, delicious
demain, to-morrow
demi, half
une **demi-heure**, half an hour
démodé, old-fashioned
la **demoiselle**, young lady
la **dent**, tooth
le **départ**, departure
se **dépêcher**, to hurry
dépenser, to spend (money)
le **déplacement**, travelling
depuis, since
déranger, to disturb
dernier, last
se **dérouler**, to be enacted
des, of the; some
dès, as early as, as soon as
descendre, to go down; to get off (*a vehicle*); to stay (*at a hotel*)
se **déshabiller**, to undress
désireux de, wanting to
le **dessein**, intention, purpose
le **dessin**, drawing
dessus, on it, on them
se **détacher**, to come adrift
détester, to hate
deux, two
devant, in front of
devenir, to become
devoir, to have to
dicter, to dictate
difficile, difficult
dimanche, Sunday
dîner, to have dinner
dire, to say
directement, straight
se **diriger**, to make one's way
se **disputer**, to argue
la **distance**, distance
dix, ten

le doigt, finger
la domicile, residence
donner, to give; donner sur, to look out onto
doubler, to overtake
douloureux (*fem.* douloureuse), painful
doux (*fem.* douce), pleasant
dramatique, dramatic
droit, straight
à droite, to the right
du, of the; some
durer, to last

l'eau (*fem.*) (*plur.* eaux), water
à l'écart, aside, on one side
une école, school
écouter, to listen (to)
écrire, to write
un écriteau (*plur.* écriteaux), notice board
en effet, indeed
effrayer, to frighten
une église, church
électrique, electric
élégant, smart, elegant
un élève, pupil
élevé, brought up; high
un embouteillage, traffic jam
embrasser, to kiss
emmener, to take (away)
empêcher, to prevent
un employé, clerk, official
empocher, to put in one's pocket
emprunter, to borrow
encore, still, again
s'endormir, to fall asleep
un endroit, place, spot
un enfant, child
enfin, at last
énorme, enormous
ensemble, together

ensuite, after(wards), then
entendre, to hear
entièrement, entirely
entourer, to surround
un entr'acte, interval
entre, between
entrer, to enter, to go in
envie: avoir envie de, to want to
envoyer, to send
épais (*fem.* épaisse), thick
une épaule, shoulder
une épingle, pin
une éponge, sponge
éponger, to sponge
les époux, the husband and wife
équipé de, fitted with
érafler, to scrape
une erreur, mistake
un escalier, staircase, stairs
un escargot, snail
un escroc, swindler
une escroquerie, swindle
une espèce de, a sort of
essayer, to try
l'essence (*fem.*), petrol
essuyer, to wipe
et, and
étaler, to display
un état, state
l'été (*masc.*), summer
éteindre, to extinguish
s'étirer, to stretch
un étranger, foreigner
étroit, narrow
un étudiant, student
eux, they, them (*usually after a preposition*)
éviter, to avoid
exagérer, to exaggerate
un examen, examination
excellent, excellent
exclusivement, exclusively
une excursion, excursion
mes excuses, I'm sorry

expliquer, to explain
exposer, to put on view
exprimer, to express
extérieur, outside

en face de, opposite
fâché, angry
facilement, easily
facultatif, optional; arrêt facultatif, request stop
la faim, hunger; avoir faim, to be hungry
faire, to do, to make
la famille, family
fatigué, tired
se fatiguer, to grow tired
il faut, one must
le fauteuil, armchair
la femme, woman, wife; femme de ménage, daily help
la fenêtre, window
la fente, slot
la ferme, farm
le fermier, farmer
la ferraille, old iron
le feu rouge, traffic light
la feuille, leaf, sheet (of paper)
la fiche, slip of paper
le fil, thread, cotton
le fil de fer, wire
le filet, rack (train)
la fille, daughter; jeune fille, girl
le film, film
le fils, son
finir, to finish
flâner, to stroll
le flatteur, flatterer
la fleur, flower
le flot, flow, movement
la fois, time (= *occasion*)
formellement, strictly
le formulaire, form (*to fill in*)
fort, strong
fouiller, to rummage

la fourchette, fork
le foyer, foyer
la fraîcheur, freshness
frais (*fem.* fraîche), fresh
les frais (*masc.*), cost
français, French
frapper, to hit; to knock (*at a door*)
le frein, brake
fréquenter, to go about with
le frère, brother
froid, cold
le fromage, cheese
le fruitier, fruiterer
les fruits (*masc.*), fruit
fumer, to smoke

gai, gay
galoper, to gallop
le gamin, small boy
le gant, glove; gant de toilette, face flannel
le garagiste, garage keeper
le garçon, boy; waiter
garder, to keep
la gare, station
gastronomique, concerning good food
à gauche, to the left
le gazon, turf
le genre (de), type (of), sort (of)
les gens, people
le geste, gesture
la glace, ice, ice-cream; window (*of vehicle*)
la gorgée, sip
le goût, taste
goûter, to taste
grand, big
pas grand-chose, not much
gras (*fem.* grasse), fat; faire la grasse matinée, to have a lie-in
la grille, iron gate

gris, grey
gronder, to scold
gros (*fem.* grosse), large
grossier, coarse
ne... guère, scarcely
le guichet, counter (*in post office,
bank, etc.*)

s'habiller, to dress
habiter, to live at
une habitude, habit
d'habitude, usually
habituel (*fem.* habituelle), usual
le hall, entrance hall
hausser les épaules, to shrug
one's shoulders
en haut, upstairs
le haut-parleur, loudspeaker
hélas, alas
l'herbe (*fem.*), grass
hésiter, to hesitate
une heure, hour; l'heure, the time
heureux (*fem.* heureuse), happy
hier, yesterday
une histoire, story, history
l'hiver (*masc.*), winter
un homme, man
la honte, shame; avoir honte de,
to be ashamed of
un hôpital, hospital
une horloge, (large) clock
un hôtel, hotel
l'huile (*fem.*), oil
huit, eight
humide, damp
l'humour (*masc.*), humour

ici, here
idéal, ideal
une idée, idea
il, he, it
il y a, there is, there are
une image, picture
imaginaire, imaginary

N

immédiatement, immediately
impatient, impatient
un imperméable, mackintosh, rain-
coat
impoli, rude
impressionnant, impressive
imprudent, rash
les indications (*fem.*), directions
indiquer, to show (way)
inévitable, inevitable
injurier, to insult
injuste, unfair
inoffensif (*fem.* -ive), inoffensive
inouï, strange
s'inscrire, to put one's name down
for
un insecte, insect
s'installer, to sit down
une installation, installation
insupportable, unbearable
intelligent, intelligent
une intention, intention
interdit, forbidden
intéressant, interesting
interrompre, to interrupt
inventer, to invent
un invité, guest

ne ... jamais, never
le jambon, ham
le jardin, garden; jardin public,
park
jaune, yellow
jeter, to throw, to throw away
le jeton, metal token (*for telephone*)
jeune, young
joli, pretty
jouer, to play
le jouet, toy
jouir de, to enjoy
le jour, day
le journal (*plur.* journaux), newspaper
joyeux (*fem.* joyeuse), joyful

la jupe, skirt
le jus, juice
jusqu'à, as far as, until
juste, correct
justement, exactly

un kilomètre, kilometre ($= \frac{5}{8}$ *mile*)

la (*fem.*), the; it
là, there
là-haut, up there
laisser, to let, to leave
le lait, milk
la lampe, lamp
lancer, to throw
la langoustine, lobster
la langue, tongue, language
large, wide
largement, ample
le lavabo, washbasin
(se) laver, to wash
lécher, to lick
le légume, vegetable
le lendemain, the next day
lent, slow
lentement, slowly
lequel (*fem.* laquelle; *plur.*
    lesquels, lesquelles), which
la lettre, letter
leur, their; to them
se lever, to get up
libre, free
le lieu (*plur.* lieux), place
la ligne, line, bus route
lire, to read
la liste, list
le lit, bed
la littérature, literature
le livre, book
loin, far
à loisir, at leisure
long (*fem.* longue), long; en
    long, lengthwise
longtemps, a long time

louer, to hire, etc.
lourd, heavy
lui, to him, to her
la lumière, light
les lunettes (*fem.*), spectacles
le luxe, luxury
luxueux (*fem.* -euse), luxurious

ma (*see* mon)
la machine à écrire, typewriter
madame, Mrs
mademoiselle, Miss
le magasin, shop
le magazine, magazine
magnifique, magnificent
maigre, thin
la main, hand
maintenant, now
mais, but
la maison, house
le maître d'hôtel, head waiter
le mal (*plur.* maux), harm, ache
mal, badly
malgré, in spite of
le malheur, misfortune
malheureux (*fem.* -euse), un-
    fortunate
la manche, sleeve
la Manche, English Channel
manger, to eat
la manière, manner, way; d'une
    manière..., in a ... way
manquer, to miss
le manteau (*plur.* manteaux),
    overcoat
le marchand, dealer
marcher, to walk; (*of a machine*)
    to go
le mari, husband
marquer, to mark
le matin, morning
le mécanicien, mechanic
le médecin, doctor
se méfier de, to mistrust

même, same, even
le ménage, husband and wife
le mendiant, beggar
la mer, sea
merci, thank you
la mère, mother
mes (see mon)
le métal, metal
le Métro, Paris Underground Railway
mettre, to put, to put on (clothes)
le meuble, piece of furniture
à mi-chemin, half-way
midi, noon
la mie, crumb part of loaf
le milieu, middle; au milieu de, in the middle of
mille, a thousand
minuit, midnight
la minute, minute
le miroir, mirror
la mode, fashion
modeste, modest
moi, me
au moins, at least
le mois, month
la moitié, half; à moitié, half- ...
le monde, world, people
la monnaie, change (money)
mon (fem. ma, plur. mes), my
le monsieur, gentleman; monsieur, sir
la montagne, mountain
monter, to go up, to get on to (a vehicle)
montrer, to show
se moquer de, to make fun of
le morceau (plur. -eaux), piece
mordre, to bite
mort, dead
le mot, word
le moteur, engine
le mouchoir, handkerchief
la moutarde, mustard

le moyen, means
munir de, to fit with
le mur, wall
le mystère, mystery

nager, to swim
le nageur, swimmer
naïf (fem. naïve), innocent
la nationalité, nationality
naturellement, naturally
n'est-ce pas? don't you? isn't it? etc. etc.
neuf (fem. neuve), brand-new
neuf, nine
le nez, nose
nocturne, by night
noir, black
le nombre, number
non, no
notre (plur. nos), our
nouveau (fem. -elle, plur. -eaux, -elles), new; à nouveau, de nouveau, again
le nuage, cloud
la nuit, night
le numéro, number

obligé de, obliged to
obliquer, to move obliquely
une occasion, chance, opportunity
un occupant, person occupying
une occupation, occupation
occupé, busy
s'occuper de, to deal with
une ombre, shadow; à l'ombre, in the shade
onze, eleven
une orange, orange
un orangeade, orangeade
ou, or
où, where
oublier, to forget
ouest, west
oui, yes

outre-Manche, on the other side of the Channel
ouvert, open
une ouvreuse, usherette
un ouvrier, workman
ouvrir, to open

la paille, straw
le pain, bread
la paire, the pair
le pamplemousse, grapefruit
le panier, basket
la panne, breakdown
le panorama, panorama, view
le pantalon, trousers
le papier, paper
le paquet, packet
par, by, through; par ici, this way
le parc, park
parce que, because
le parcours, run, trip (of vehicle)
le pardessus, overcoat
le pare-choc, bumper
paresseux (fem. -euse), lazy
parfaitement, perfectly
parisien (fem. -ienne), Parisian
parler, to speak, to talk
la parole, word
parquer, to park
la partie, part
partout, everywhere
pas du tout, not at all
le passage à niveau, level crossing
le passage clouté, pedestrian crossing
le passager, passenger (on boat or aeroplane)
le passant, passer-by
passer, to pass, to cross
la patience, patience
le patron, boss
pauvre, poor
le pavé, paved road

payer, to pay; se payer, to afford
la pêche, fishing (also means peach)
le pêcheur (fem. -euse), fisherman
le peigne, comb
se peigner, to comb one's hair
à peine, scarcely
la peine, trouble; ce n'est pas la peine, it's not worth while
la peinture, painting, paint
pendant, during; pendant que, while
pénétrer dans, to go into
la péniche, barge
penser, to think
pensif (fem. -ive), thoughtful
perdre, to lose; to waste (time)
le personnage, character (in a play)
la personne, person
personne (used with ne), nobody
petit, small, little; le petit, the child
le petit pain, bread roll
les petits pois (masc.), green peas
un peu, a little
à peu près, about (approximately)
la peur, fear; avoir peur, to be afraid
peut-être, perhaps
la photographie, photograph
la pièce, play (in a theatre); pièce de monnaie, coin
le pied, foot; à pied, on foot
le piéton, pedestrian
la pile, battery
le pique-nique, picnic
la piste, track
la place, place; de la place, room (to get in, etc.); sur place, on the spot
le plafond, ceiling
plaire, to please
le plaisir, pleasure
le plan, plan
la plante, plant

le plat, dish
le plateau (*plur.* -eaux), tray
  plein, full; en plein air, in the open air
le plombier, plumber
  plonger, to dive
la plupart, most
  plus, more; ne ... plus, no longer, no more
  plusieurs, several
  plutôt, rather, sooner
la poche, pocket
  poinçonner, to punch (*ticket*)
le poisson, fish
le poivre, pepper
la pomme de terre (*plur.* pommes de terre), potato
le pont, bridge
la porte, door
à la portée de, within reach of
le porte-bagages, luggage-stand
le portefeuille, wallet
le porte-mine, propelling pencil
le porte-monnaie, purse
  porter, to wear, to carry
le porteur, porter
le portillon, little gate
le porto, port wine
  posé, settled
  poser une question, to ask a question
la poste, post (office)
  poster, to post
le poudrier, powder-puff
le poulet, chicken
  pour, for, in order to
le pourboire, tip
le pourcentage, percentage
  pourquoi, why
  pourtant, however
  pousser, to push
la poussière, dust
  pouvoir, to be able to
se précipiter, to rush

  précisément, precisely
le préjugé, prejudice
  prélever, to deduct
  prendre, to take
le prénom, Christian name
  préparer, to prepare
  près de, near (to)
  presque, almost
  pressé, in a hurry
  prêt, ready
  prêter, to lend
la preuve, proof
  principal (*plur.* -aux), chief
le principe, principle
le printemps, spring
le prix, price (*also means* prize)
  prochain, next
le professeur, master, instructor
la profession, profession
  profiter de, to take advantage of
le projet, plan
se promener, to walk
  promettre (de), to promise (to)
  proposer, to propose, suggest
  protéger, to protect
  prudemment, prudently
  puis, then, next
le pull-over, pullover

le quai, platform, quay
la qualité, quality
  quand, when
  quant à, as for
  quarante, forty
le quartier, district
  quatorze, fourteen
  quatre, four; quatre-vingts, eighty; quatre-vingt-dix, ninety
  que, that, which, whom; than; ne ... que, only
  qu'est-ce qui, qu'est-ce que, what
  quel (*fem.* quelle), what, which

quelque, some; quelqu'un, someone
quelquefois, sometimes
la question, question
la queue, queue (*literally* tail); faire la queue, to queue
qui, who
quinze, fifteen
quitter, to leave

raconter, to tell
rafraîchissant, refreshing
le raisin, grape
la raison, reason; avoir raison, to be right
ramasser, to collect up
ranger, to put out of the way
rapidement, rapidly
se raser, to shave
le rasoir, razor
ravissant, delightful
le récepteur, receiver
la réception, reception (*in a hotel*)
recevoir, to receive
à la recherche de, in search of
la réclame, advertisement
réclamer, to reclaim
recommencer, to begin again
refermer, to close
réfléchir, to reflect
le régal, feast
se régaler, to have a good feast
le regard, look
regarder, to look
la région, district
le registre, register
régler, to pay (bill)
remarquer, to notice
remonter, to go up again, get on again
remorquer, to tow
remplacer, to replace
remplir, to fill

rencontrer, to meet
se rendre à, to go to
à renfort de, with the use of
rentrer, to return (home)
réparer, to repair
repartir, to start off again
le repas, meal
repasser, to cross again
répéter, to repeat
répondre, to answer
la réponse, answer
le reportage, report (*article*)
se reposer, to rest
la représentation, performance
la résignation, resignation
se résigner à, to resign oneself to
la résolution, resolution
le restaurant, restaurant
rester, to remain
le résultat, result
en retard, late
retenir, to hold back
retirer, to take out
le retour, return; de retour, back (home again)
réussir (à), to succeed (in)
le réveil, awakening; alarm clock
se réveiller, to wake up
rêver, to dream
le rideau (*plur.* -eaux), curtain
ridicule, ridiculous
rien, nothing (*used with* ne); rien à faire, there's nothing we can do; de rien, not at all!
rire, to laugh
la rivière, river
la robe, dress
le robinet, tap
rôti, roast
rouge, red
rouler, (*of vehicle*) to go along
la route, road, route
la rue, street
ruiner, to ruin

sa (*see* son)
le sac à main, handbag
sage, sensible
sagement, sensibly
saigner, to bleed
saisir, to seize
la salade, salad (lettuce, etc.)
sale, dirty
la salle, room; salle de bains, bathroom
le salon, drawing-room, lounge, sitting-room
samedi, Saturday
le sandwich, sandwich
le sang, blood
sans, without
sans doute, no doubt
satisfait, satisfied
le saucisson, sausage
sauter, to jump
savoir, to know
le savon, soap
la scène, scene
la séance, performance (*at a cinema*)
second, second
la secousse, jolt
seize, sixteen
le sel, salt
la semaine, week
semblable, similar
sembler, to seem
la semelle, sole (*of a shoe*)
le sens, direction of traffic; sens-unique, one-way traffic
sensiblement, perceptibly
(se) sentir, to feel
sept, seven
serpenter, to wind (*of road, river*)
le service, service charge
la serviette, towel; table napkin
se servir de, to use
ses (see son)
seul, alone; un seul, only one

seulement, only
si, if, so
le signal (*plur.* -aux), signal
le signe, sign
sinon, unless
situé, situated
six, six
la sœur, sister
la soif, thirst; avoir soif, to be thirsty
soigner, to take care over
le soin, care
soixante, sixty; soixante-dix, seventy
le sol, ground
le soleil, sun
solide, strong
la solitude, solitude
le sommeil, sleep; avoir sommeil, to feel sleepy
le sommelier, wine-waiter
le sommet, summit, top
son (*fem.* sa, *plur.* ses), his, her
songer à, to think about
une sorte de, a sort of
la soucoupe, saucer
soulever, to raise
le soulier, shoe
le sourire, smile
sourire, to smile
le souterrain, underground passage
souvent, often
le spectacle, sight, show
la station, (taxi) rank; (Underground) station
le stationnement: parc de stationnement, car park
stationner, to park
le stylo, fountain-pen
le sucre, sugar
suivre, to follow
le sujet, subject
sur, on
en sursaut, with a start

surtout, above all
le système, system

le tabac, tobacco
la table, table
le tablier, apron
la tache, stain
tamponner, to bump into
tandis que, whilst
tant bien que mal, after a fashion
tant de, so much, so many; tant que, as long as
tant pis, it can't be helped; never mind
taper, to type
tard, late
tarder à, to take a long time to
la tasse, cup
le taxi, taxi
un tel (*fem.* telle), such a
tellement, so much
le temps, weather; (amount of) time
de temps en temps, from time to time
tenez! look!
tenir, to hold
la tentation, temptation
tenter la chance, to try one's luck
terminer, to end
la terrasse, terrace
la terre, ground, earth; par terre, on the ground
la tête, head
têtu, obstinate
le thé, tea
le théâtre, theatre
tiens! look!
la timbale, mug
le timbre-poste (*plur.* timbres-poste), postage stamp

timide, shy
tirer, to pull; tirer la langue, to put out one's tongue
le tissu, material
toi (*familiar*), you
la toilette, toilet
le toit, roof
la tomate, tomato
tomber, to fall
tôt, soon
toujours, always, still
le tour, turn
la tour, tower
le touriste, tourist
tourner, to turn
tout (*masc. plur.* tous), all
tout à coup, suddenly, all at once
tout de même, all the same
tout de suite, immediately
tout le monde, everybody
la trace, trace
le train, train
en train de, in the act of
le traînard, laggard
traîner, to drag
le trajet, journey
tranquille, quiet
tranquillement, quietly
transporter, to transport
le travail (*plur.* -aux), work
travailler, to work
traverser, to cross
trébucher, to trip up
treize, thirteen
tremper, to dip, to soak
le tremplin, spring-board
trente, thirty
très, very
triste, sad
trois, three
en trombe, like a whirlwind
se tromper, to be mistaken
trop de, too much, too many
le trottoir, pavement

le troupeau (*plur.* -eaux), flock, herd
trouver, to find, to consider
tuer, to kill
tutoyer, to say '*tu*' to, *i.e.* to speak in a familiar way to

un, une, one, a
user, to wear out
une usine, factory

le va-et-vient, the movement (to and fro)
les vacances (*fem.*), holidays
la vache, cow
la valise, suitcase
valoir, to be worth; il vaudrait mieux, it would be better
le vaurien, good-for-nothing
le véhicule, vehicle
vendre, to sell
le vent, wind
vérifier, to check
véritable, real
le verre, glass
vers, towards
verser, to pour out, to spill
vert, green
le vertige, fear of heights
la veste, jacket
le vêtement, article of clothing
vêtu, dressed
la viande, meat
les victuailles (*fem.*), eatables
la victime, victim

vide, empty
le vide, empty space
la vie, life
vieux (*fem.* vieille, *masc. plur.* vieux), old
la ville, town
le vin, wine
vingt, twenty
le visage, face
visiblement, visibly
le visiteur, visitor
vite, quickly
la vitesse, speed
la vitre, (window) pane
la vitrine, shop window
voici, here is
la voie, track
voilà, there is; me voilà, there I am
voir, to see
le voisin, neighbour
la voiture, car, carriage; voiture d'enfant, perambulator
le vol, flight
le volet, shutter
vouloir, to wish
le voyage, journey
le voyageur, passenger
vrai, true
vraiment, truly

le wagon, (railway) carriage
le wagon-restaurant, dining-car

les yeux (*masc.*) (*plur. of* l'œil), eyes

ENGLISH-FRENCH VOCABULARY

(to the exercises)

able: to be able to, pouvoir
about, au sujet de
address, une adresse
to admit, avouer
aeroplane, un avion
to afford, pouvoir se payer
again, de nouveau, encore
all, tout (*masc. plur.* tous); all day,
    toute la journée
already, déjà
always, toujours
and, et
angry, fâché
to answer, répondre (à)
any: *see* some
are: *see* to be
to arrive, arriver
to ask, demander (*with* à *before the
    person*)
at, à

baby, le bébé
ball, la balle
basket, le panier
to be, être
beautiful, beau (*masc. before
    vowel* bel; *fem.* belle; *masc. plur.*
    beaux)
because, parce que
to become, devenir
bed, le lit; to go to bed, se
    coucher; in bed, au lit
beer, la bière
beggar, le mendiant

behind, derrière
to believe, croire
better, meilleur
bill, une addition
black, noir
boat, le canot
book, le livre
booking-office, le guichet
boot (*of car*), le coffre
bottle, la bouteille
box, la boîte
boy, le garçon
bread, le pain
to bring, apporter
brother, le frère
bus, un autobus
busy, occupé
but, mais
butter, le beurre
button, le bouton
to buy, acheter
by, par; (near to, près de)

café, le café
to call, appeler
can: *see* to be able
canteen, la cantine
car, la voiture, l'automobile (*fem.*)
to carry, porter
case, la valise
to catch, attraper
chair, la chaise
to change, changer
child, un enfant

to choose, choisir
cigarette, la cigarette
cinema, le cinéma
to clean, nettoyer
clothes, les vêtements (*masc.*)
coffee, le café
cold, froid
to come, venir; to come down, descendre
cotton, le fil
cow, la vache
to cross, traverser
cup, la tasse
curtain, le rideau (*plur.* -eaux)
to cut, couper

day, le jour
dear, cher (*fem.* chère); (= my dear) chéri
to decide, décider (de)
design, le dessin
dirty, sale
dish, le plat
to disturb, déranger
to dive, plonger
to do, faire
don't: *use a negative form of the verb that follows*
dress, la robe
to dress, s'habiller
during, pendant
dust, la poussière

each, chaque
early, de bonne heure
easily, facilement
easy, facile
to eat, manger
electric, électrique
end, le bout
engine, le moteur
enough, assez (de)
evening, le soir
everybody, tout le monde

everything, tout
everywhere, partout
excellent, excellent
exercise, un exercice

factory, une usine
fast, vite
to fetch: to go and fetch, aller chercher
a few, quelques
few, peu de
field, le champ
to fill in, remplir
to find, trouver
to finish, finir
fish, le poisson
fisherman, le pêcheur
floor, le plancher
flower, la fleur
to follow, suivre
for, pour; (= during, pendant)
to forget, oublier
form, le formulaire
fountain-pen, le stylo
friend, un ami
from, de
in front of, devant
fruit, les fruits (*masc.*)
full, plein

garage, le garage
garden, le jardin
garment, le vêtement
to get, obtenir
to get into, monter dans
to get up, se lever
girl, la jeune fille
to give, donner
glass, le verre
to go, aller (= *also* to be going to)
to go into, entrer dans
to go out, sortir
to go up, monter
good, bon (*fem.* bonne)

good-bye, au revoir
grass, l'herbe (*fem.*)
green, vert

handkerchief, le mouchoir
to happen, arriver
happy, heureux (*fem.* -euse)
hat, le chapeau (*plur.* -eaux)
to have, avoir
to have to, devoir
   her: *see Grammar* §§ 24, 27
here, ici
hero, le héro
him, le (*placed before verb*)
to hit, frapper
holidays, les vacances (*fem.*)
at home, chez moi etc. (*see Grammar*
   § 34)
hot, chaud
hotel, un hôtel
house, la maison
to hurry, se dépêcher

if, si
important, important
in, dans
interval, un entr'acte
into, dans
is: *see* to be; it is, c'est

jacket, la veste

key, la clef, la clé
knife, le couteau (*plur.* -eaux)
to know (*how to*), savoir

language, la langue
late, tard; (*for an appointment etc.*) en retard
lazy, paresseux (*fem.* -euse)
to learn, apprendre
at least, au moins
to leave, (*with an object*) quitter;
   (*without an object*) partir

left: to the left, à gauche
letter, la lettre
lift, un ascenseur
to light, allumer
to like, aimer
little, petit
to live in, habiter
long, long (*fem.* longue)
a long time, longtemps
a long way (from), loin (de)
to look (=seem), avoir l'air . . .
to look (at), regarder
to look for, chercher
lorry, le camion
to lose, perdre
a lot of, beaucoup de
loudspeaker, le haut-parleur
luggage, les bagages (*masc.*)
lunch, le déjeuner; to have lunch, déjeuner
luxury, le luxe

to make, faire
man, un homme
match, une allumette
me, me, moi
meal, le repas
to meet, rencontrer
menu, la carte
midnight, minuit
might . . .: *use the conditional of* pouvoir
milk, le lait
minute, la minute
moment, le moment
money, l'argent (*masc.*)
more, plus; no more, ne . . . plus
morning, le matin; in the morning, le matin
mother, la mère
must: *use the present of* devoir
my, mon, ma, mes

name, le nom

narrow, étroit

near, près (de)

necessary: it is necessary to, il faut

to need, avoir besoin de

neighbour, le voisin

never, ne . . . jamais

new (=brand new), neuf (*fem.* neuve)

newspaper, le journal (*plur.* -aux)

next day, le lendemain

night club, la boîte de nuit

no, non

no (=not any), pas de

nobody, personne (*with* ne *if used with a verb*)

noise, le bruit

nothing, rien (*with* ne *if used with a verb*)

now, maintenant

number, le numéro

obliged to, obligé de

occupied, occupé

o'clock, *see Grammar* § 31

of, de; of it, of them, en (*placed before verb*)

office, le bureau (*plur.* -eaux)

often, souvent

old, vieux (*masc. before vowel* vieil; *fem.* vieille; *masc. plur.* vieux)

on, sur; on it, dessus

once, une fois; once again, encore une fois

at once, tout de suite

one, un, une; the one, this one: *see Grammar* § 49

only, seulement; (*with a verb*) ne . . . que

or, ou

orangeade, l'orangeade (*masc.*)

to order, commander

other, autre

ought: *use the conditional of* devoir

overcoat, le pardessus

to overtake, doubler

paper, le papier

to park, parquer

patience, la patience

peacefully, paisiblement

pedestrian crossing, le passage clouté

penknife, le canif

people, les gens (*masc.*)

perambulator, la voiture d'enfant

plan, le projet

to play, jouer

play (*in a theatre*), la pièce

pleasant, agréable

please, s'il vous plaît

pleased, content

plenty of, beaucoup de

pocket, la poche

policeman, un agent de police

to press (on), appuyer sur

probably, probablement

to push, pousser

to put, mettre

question: it's a question of, il s'agit de

to queue up, faire la queue

quickly, vite

quiet, tranquille

rack (*in a train*), le filet

razor, le rasoir

reception desk, le bureau de réception

red, rouge

to remain, rester

to repair, réparer

to rest, se reposer

rest: the rest, le reste

restaurant, le restaurant

right: to the right, à droite

river, la rivière
road, la route
room, la salle; (bedroom) la chambre
route (*of a bus*), la ligne

sausage, le saucisson
to say, dire
to see, voir
to serve, servir
several, plusieurs
she, elle
to shine, briller
shoe, le soulier
shop, le magasin
should: *use the conditional of* devoir
show (*in theatre, etc.*), le spectacle
to sit, s'asseoir; to be sitting, être assis
small, petit
smart, élégant
to smoke, fumer
so (*as in so good, etc.*), si
so much, tant (de)
soap, le savon
some, quelque (*but see Grammar* § 10 *and* § 27 (en))
someone, quelqu'un
something, quelque chose
to speak, parler
to spend, (*money*) dépenser; (*time*) passer
stain, la tache
stairs, un escalier
station, la gare
to stay (=remain) rester; (=stay at a place) séjourner
to stop, s'arrêter
street, la rue
student, un étudiant
such a, un tel (*fem*. telle); (*with an adjective*) un si . . .
suit, le complet

sun, le soleil
to suppose, supposer
swimmer, le nageur (*fem*. -euse)

table, la table
to take, prendre; (=to take someone to . . .) emmener
to talk, parler
taxi, le taxi
tea, le thé
to tear, déchirer
to telephone, téléphoner
to tell, dire (*with* à *before the person*)
that, (*pronoun*) cela; (*adjective*) ce (*see Grammar* § 22)
theatre, le théâtre
them, les (*placed before verb*); (*with a preposition*) eux; to them, leur (*placed before verb*)
there, y (*placed before verb*), là; there is, there are, il y a
these, (*adjective*) ces; (*pronoun: see Grammar* § 49)
they, ils
thing, la chose
to think, (=to believe) croire; (*expressing opinion*) trouver
this, (*adjective*) ce, cet, cette; (*pronoun*) ceci
to throw, jeter
ticket, le billet
time, (*amount of time*) le temps; (*occasion*) la fois
tired, fatigué
to-morrow, demain
too (=also), aussi
too many, too much, trop (de)
tourist, le touriste
towel, la serviette
traffic, la circulation
traffic light. le feu rouge (*plur*. feux rouges)
train, le train

tray, le plateau (*plur.* -eaux)
tree, un arbre
to try, essayer (de)
to turn, tourner
to type, taper

Underground (railway), le Métro
to understand, comprendre
unfortunately, malheureusement
us, nous
no use: it's no use, cela ne sert à rien
useless, inutile

very, très
view, le panorama
village, le village

to wait, attendre
waiter, le garçon
to walk, marcher; to walk about, se promener
to want (to), vouloir
wardrobe, une armoire
to waste (time), perdre
water, l'eau (*fem.*)
way: in this way, de cette manière

to wear, porter
well! eh bien!
where, où
when, quand
which, quel (*fem.* quelle)
while, pendant que
white, blanc (*fem.* blanche)
why, pourquoi
wife, la femme
will you . . .? voulez-vous . . .?
wind, le vent
window, la fenêtre; shop window, la vitrine
wine, le vin
with, avec
woman, la femme
wonderful, merveilleux (*fem.* -euse)
work, le travail
to work, travailler
to write, écrire

year, un an
yellow, jaune
yes, oui
yet, encore
young, jeune

INDEX TO GRAMMAR

Numbers refer to sections